职业教育汽车类专业立体化创新教材

汽车维护与保养

主　编　吴　敏　姚　旺　银新波
副主编　罗运鹏　牛　正　陈千丹
参　编　伍　成　余安勋　李　强

机械工业出版社

《汽车维护与保养》根据教育部职业院校汽车检测与维修技术专业教学指导方案、国家职业标准汽车维修工三级标准典型工作任务，以及汽车电气系统检测与维修实践需求编写而成。

本书主要内容包括汽车维护制度、汽车运行材料、汽车通用保养、新能源汽车保养共4个项目。本书融入"课程思政"元素、突出"岗课赛证"相融合、"微课"主导教学过程，配套资源包括课程标准、教案、教学课件、全套电子版实训工单、微课视频资源等。

本书可作为高职院校汽车类专业教材，也可作为汽车维修人员操作教程及培训用书。

图书在版编目（CIP）数据

汽车维护与保养 / 吴敏，姚旺，银新波主编. 北京：机械工业出版社，2025.3. --（职业教育汽车类专业立体化创新教材）. -- ISBN 978-7-111-78136-3

Ⅰ. U472

中国国家版本馆CIP数据核字第2025NP0297号

机械工业出版社（北京市百万庄大街22号 邮政编码100037）
策划编辑：李 军　　　　　　　责任编辑：李 军　丁 锋
责任校对：王小童　马荣华　景 飞　封面设计：马精明
责任印制：张 博
北京建宏印刷有限公司印刷
2025年6月第1版第1次印刷
184mm×260mm・12.75印张・254千字
标准书号：ISBN 978-7-111-78136-3
定价：69.90元

电话服务　　　　　　　　　网络服务
客服电话：010-88361066　　机　工　官　网：www.cmpbook.com
　　　　　010-88379833　　机　工　官　博：weibo.com/cmp1952
　　　　　010-68326294　　金　书　网：www.golden-book.com
封底无防伪标均为盗版　　机工教育服务网：www.cmpedu.com

前　言

党的二十大报告明确提出"加快发展方式绿色转型""积极稳妥推进碳达峰碳中和"的战略目标，并将新能源汽车列为实现绿色发展的重要支柱产业。这一政策导向不仅推动了汽车产业的电动化、智能化、网联化转型，也对职业教育提出了更高要求——培养既懂传统燃油车维护、又掌握新能源汽车核心技术的高技能人才。在此背景下，《汽车维护与保养》作为职业教育领域的新型活页式教材，以"岗课赛证融通"为核心，深度融合校企合作实践经验，积极响应国家"三教"改革号召，致力于为汽车产业输送适应技术迭代、符合行业需求的复合型技术人才。

一、政策引领：产教融合与职业教育改革的时代使命

当前，中国汽车产业正处于"双碳"目标与智能网联技术双重驱动的转型期。根据《新能源汽车产业发展规划（2021—2035年）》，到2025年新能源汽车销量占比将达50%以上，而这一目标的实现急需大量具备绿色技能与创新能力的专业人才支撑。然而，传统车辆专业以机械学科为主，课程体系滞后于技术迭代速度，难以覆盖电动化、智能化技术需求。为此，国家在《职业学校校企合作促进办法》中明确提出"校企双元育人"模式，要求教材开发需紧跟产业动态，以活页式设计打破传统教材的固化框架，实现教学内容与职业标准的无缝对接。

本书的编写正是基于这一政策背景，以武汉雄楚爱才汽车技术有限公司的深度合作为依托，通过校企双元开发机制，将企业真实案例、岗位能力图谱及1+X证书考核标准融入教材，确保学生所学即所用。例如，教材中关于新能源汽车"三电"系统维护的模块，直接引用了合作企业提供的电池安全管理数据与维护保养流程，使教学内容与企业技术规范高度一致。

二、教材特色：活页式设计赋能教学改革

1. 模块化任务引领，贴合岗位需求

教材以"工作任务"为主线，将传统汽车维护与新能源汽车保养技术深度融合，涵盖燃油车动力系统检修、新能源汽车"三电"系统维护等模块。每个任务均基于企业真实案例设计，配套实训工单与微课资源，学生可通过扫码获取规范操作视频，实现"学做一体"。

2. 动态更新机制，紧跟技术迭代

活页式设计支持教材内容的灵活增补与替换。例如，针对新能源汽车新增的域控制器、线控底盘等技术，教材预留开放式接口，便于融入行业最新标准与合作企业提供的企业技术资料，确保教学内容与产业技术同步更新。

3. 校企双元开发，强化产教融合

本书由武汉雄楚爱才汽车技术有限公司技术骨干与高职院校"双师型"教师共同编写。企业深度参与课程设计，提供实车检测数据、岗位能力图谱及 1+X 证书考核标准，确保教学内容与职业能力无缝对接。合作过程中，双方还共建了"定向实验班"，通过企业奖学金、实习岗位对接等机制，实现人才培养与就业的精准匹配。

4. 政策引领与校企协同创新

在《新能源汽车产业发展规划（2021—2035 年）》《职业学校校企合作促进办法》的指导下，本教材充分体现"政府主导、校企联动"的协同机制。武汉雄楚爱才汽车技术有限公司作为产教融合深度合作企业，不仅提供技术资源，还协同院校开发了"工学交替"教学模式，将课堂延伸至企业车间，学生可参与新能源货车维护、智能网联汽车维护诊断等真实项目，践行"工匠精神"。此外，教材配套的"实训工单分册"参照企业工作流程设计，涵盖任务计划、实施、检查与反馈全环节，强化学生职业素养与问题解决能力。

5. 服务双碳目标，培育绿色技能人才

本书注重传统汽车节能技术升级与新能源汽车绿色技术的平衡，在传统动力系统模块基础上融入混合动力维护技术，在新能源模块突出电池安全管理与低碳维修工艺，呼应《工业领域碳达峰实施方案》对节能与新能源汽车的推广要求。通过理论与实践结合，引导学生掌握绿色维修技能，为行业实现"双碳"目标提供人才支撑。

三、思政融合：工匠精神与绿色技能的培育

职业教育不仅是技能的传授，更是价值观的塑造。本书将课程思政元素深度融入技术模块：

家国情怀：通过对比中外技术发展历程，引导学生认识中国汽车工业的崛起之路，增强民族自豪感。

工匠精神：通过引入"大国工匠"案例，强调精益求精的职业态度。

绿色理念：通过分析传统燃油车节能改造与新能源车低碳维修工艺，强化学生"双碳"目标的责任意识。

致谢与展望

未来，本书将依托活页式设计的动态优势，持续吸纳行业前沿技术。例如，计划在后续修订版本中增加氢燃料电池汽车维护模块，并与更多合作企业合作开发"智能诊断 AI 助手"实训工具。我们坚信，通过校企协同创新与政策支持，活页式教材将成为职业教育改革的重要载体，为汽车产业高质量发展提供坚实的人才支撑。

编　者

目 录

前 言

项目1　汽车维护制度　…001
任务1　我国的汽车维护制度　…002
任务2　传统汽车维护保养内容　…007

项目2　汽车运行材料　…013
任务1　汽车燃料和润滑料　…014
任务2　汽车特种液料和轮胎　…023

项目3　汽车通用保养　…029
任务1　新车首次保养　…030
任务2　蓄电池维护　…037
任务3　轮胎的维护　…047
任务4　盘式制动器的维护　…059
任务5　节气门及喷油器的维护　…069
任务6　火花塞的维护　…081
任务7　发动机机油及机油滤清器更换　…091
任务8　自动变速器油更换　…101
任务9　防冻冷却液更换　…109
任务10　制动液更换　…119
任务11　制冷剂加注、回收　…129

项目4　新能源汽车保养　…143
任务1　动力电池外部检查与维护　…144
任务2　动力电池内部检查与维护　…157
任务3　驱动电机系统检查与维护　…169
任务4　高压配电系统检查与维护　…186

项目 1
汽车维护制度

项目目标
- 了解汽车维护的内容
- 掌握我国的汽车维护制度

项目任务
- 熟悉我国的汽车维护保养规定
- 掌握各级维护的基本内容

任务 1　我国的汽车维护制度

一、学习目标

1. 了解汽车维护的内容
2. 掌握我国的汽车维护制度

二、学习任务

学习点 01　什么是汽车维护

　　汽车作为机电产品，其使用寿命随着制造业的不断进步而延长，但其零部件都会逐渐发生磨损，技术状况会不断变差，只有根据零部件的磨损规律实施切实可行的维护措施，才能保持汽车完好的技术状态。

　　广义的汽车维护，其涵盖的范围相当广泛，包括汽车美容护理、汽车装饰、汽车日常维护、汽车一级维护、汽车二级维护及与其相关的汽车检测。狭义的汽车维护，是指汽车运行中的维护，是由传统的汽车维护作业演化而来的，强调对汽车进行预防性的各种维护，是一种快捷、优质、高效的全新汽车服务，包括清洁作业、油品护理、技术调整（包括检查作业、紧固作业和调整作业）。

微课视频
什么是汽车维护

学习点 02　汽车定期维护的意义是什么

　　定期维护是用户按车辆一定的行驶间隔里程或使用间隔时间，定期到授权服务站对车辆进行检查和维护。定期维护包括更换发动机机油和机油滤清器等项目。

　　汽车由大量的零部件构成，车辆在使用过程中，各零部件会受到磨损、腐蚀或发生老化而导致汽车性能的降低。车辆的技术性能随着行驶里程的增加以及各种环境因素的影响而发生变化，导致汽车的动力性、经济性和可靠性逐渐变差，各易损、易耗件需要更换或补充，有些损耗和早期故障在使用过程中不容易被发现和感觉到。用户通过定期回到服务站，按标准的规范对车辆进行维护和检查，可以及时更换易损、易耗件，发现和消除早期的故障隐患，防止故障的发生或损坏的扩大，恢复车辆的性能指标，提高车辆的完好率，有效地延长汽车的使用寿命。

项目 1　汽车维护制度

学习点 03
我国汽车维护保养的依据是什么

微课视频
我国的汽车维护制度、分类作业范围

我国现行的汽车维护制度主要依据交通运输部 2016 年主持制定的《汽车维护、检测、诊断技术规范》（GB/T 18344—2016）。

学习点 04
我国的汽车维护制度是什么

我国现行的汽车维修制度是预防为主，定期检测，强制维护，视情修理。

1）预防为主：保持车容整洁，及时发现和消除故障、隐患，从而防止车辆早期损坏。

2）定期检测：通过现代化的技术手段，定期对汽车进行检查测量，以正确判断汽车的技术状况。根据车辆的技术状况，确定维护作业内容，从而保证车辆的技术状况和使用性能。二级维护前要进行检测诊断，确定附加作业项目。

3）强制维护：为了进一步强调维护的重要性，防止追求眼前利益和不重视及时维护所造成的车辆故障，汽车维护必须是定期进行的，基本作业项目为定期维护内容。

4）视情修理：视情修理即经过检测诊断和技术鉴定，确认确实为需要进行修理的项目而后执行修理作业。其中，二级维护附加作业项目为视情修理内容。

学习点 05
汽车维护是怎样分类的？作业范围是什么

汽车维护分为定期维护和非定期维护。定期维护分为日常维护、一级维护和二级维护；非定期维护有季节性维护和走合期维护。各级维护作业范围如下。

1）日常维护：日常维护是日常作业，由驾驶员负责完成。其主要内容是清洁、补给和安全检视。它是保持车辆正常工作状况的经常性、必要性的工作。坚持"三检"，即出车前、行车中、收车后检视车辆的安全机构及各部分机件连接的紧固情况；保持"四清"，即保持机油滤清器、空气滤清器、燃油滤清器和蓄电池的清洁；防止"四漏"，即防止漏水、漏油、漏气、漏电。

2）一级维护：一级维护由专业维修厂负责执行。其主要内容除日常维护工作外，以清洁、润滑、紧固为主，并检查有关制动、操纵等安全部件。

3）二级维护：二级维护由专业维修厂负责执行。其主要内容除一级维护所包括的工作外，以检查和调整转向节、转向摇臂、制动蹄片、悬架等经过一定时间的使用容易磨损或变形的安全部件为主，并拆检轮胎，进行轮胎换位。

4）季节性维护：冬、夏季的温差大，为使车辆在冬、夏季合理使用，在换季之前应结合定期维护，并附加一些相应的项目，使汽车适应气候变化了的运行条件，此种附加性的维护称为季节性维护。

5）走合期维护：为了保证汽车的使用寿命，汽车在投入运行初期（包括大修车以及新装或大修过发动机的汽车）都应进行走合期的磨合，以改善零件摩擦表面几何形状和表面层物理、力学性能。

学习点 06
汽车定期维护的周期

1）日常维护：出车前、行车中和收车后。

2）一级维护：周期为 2000~3000km，或根据车型要求。

3）二级维护：依据各地条件不同在 10000~15000km 范围内选定，或者时间间隔为 60~90 天。车型不同，则里程、时间的范围也不同。现行的维护制度，着重于加强按期执行的日常维护，增加检测性定期维护。即对日常维护和一级维护实行定期强制执行，提高安全、节能、环保与寿命等性能；对二级维护先检测诊断和技术评定，根据结果确定附加作业小修项目，结合二级维护一并进行。

微课视频
汽车定期维护的周期

三、课后拓展

1. 查阅资料，说明吉利帝豪（纯油版）、比亚迪秦（DM-i 版）、比亚迪汉（纯电版）各种车型的保养周期。

2. 我国现行的汽车维护分为哪几类？

3. 我国汽车维护制度的原则是什么？

四、任务实施

作业前的准备	
（1）防护五件套（转向盘套、变速杆套、地板垫、座椅套和驻车制动器操纵杆套）	
（2）实训轿车	
（3）清洁工位，将实训车辆停放在合理位置	
（4）安装五件套	
（5）拉紧驻车制动器或将档位置于 P 位	

实训数据记录				
姓名		班级		
学号		指导教师		
组员				
汽车 VIN 码				
汽车品牌		车型、年份		里程
工具选择				
实训流程、数据记录、结果分析				

实践反思

<table>
<tr><td colspan="7" align="center">自评、互评、教师点评表</td></tr>
<tr><td>姓名</td><td>班级</td><td>学号</td><td colspan="2">指导教师</td><td colspan="2">组别</td></tr>
<tr><td>评分项目</td><td colspan="2">评分内容</td><td>分值</td><td>个人评分</td><td>小组评分</td><td>教师评分</td></tr>
<tr><td rowspan="2">工具、场地准备</td><td colspan="2">场地干净整洁，符合作业要求</td><td>5</td><td></td><td></td><td></td></tr>
<tr><td colspan="2">通用及专用工具准备齐全、正确</td><td>5</td><td></td><td></td><td></td></tr>
<tr><td>专业知识学习</td><td colspan="2">学习态度端正，认真积极</td><td>5</td><td></td><td></td><td></td></tr>
<tr><td rowspan="2">工具、设备选择与使用</td><td colspan="2">检测与维修工具、设备选择正确、合适</td><td>5</td><td></td><td></td><td></td></tr>
<tr><td colspan="2">工具、设备使用正确，操作规范</td><td>10</td><td></td><td></td><td></td></tr>
<tr><td rowspan="3">操作实施</td><td colspan="2">按照要求实施操作</td><td>25</td><td></td><td></td><td></td></tr>
<tr><td colspan="2">操作正确、有序</td><td>10</td><td></td><td></td><td></td></tr>
<tr><td colspan="2">零部件拆装无破损</td><td>5</td><td></td><td></td><td></td></tr>
<tr><td rowspan="2">总结报告</td><td colspan="2">数据记录完整，符合实际情况</td><td>5</td><td></td><td></td><td></td></tr>
<tr><td colspan="2">实训报告客观、务实</td><td>5</td><td></td><td></td><td></td></tr>
<tr><td rowspan="2">团队协作能力</td><td colspan="2">小组成员分工明确</td><td>5</td><td></td><td></td><td></td></tr>
<tr><td colspan="2">团队协作，共同完成实训操作</td><td>5</td><td></td><td></td><td></td></tr>
<tr><td rowspan="2">安全</td><td colspan="2">安全操作，未出现人身危险情况</td><td>5</td><td></td><td></td><td></td></tr>
<tr><td colspan="2">工具、设备使用安全，未损坏</td><td>5</td><td></td><td></td><td></td></tr>
<tr><td>总分</td><td colspan="2"></td><td>100</td><td></td><td></td><td></td></tr>
<tr><td colspan="7">组长：　　　　　　　　　　　　　日期：</td></tr>
</table>

任务 2　传统汽车维护保养内容

一、学习目标

掌握汽车保养的内容

二、学习任务

掌握汽车各个时段维护保养内容

学习点 01　每日保养内容

1）外观检查：在出车前环视汽车，查看灯光装置有没有损坏，车身有无倾斜，有无漏油、漏水等泄漏情况；检查轮胎的外表情况，检查车门、发动机舱盖、行李舱盖和车窗玻璃的状况。

2）信号装置检查：打开点火开关（不起动发动机），检查各警告灯和指示灯的点亮情况，起动发动机查看各警告灯是否正常熄灭，指示灯是否还在点亮。

3）燃油检查：查看油量表的指示，补充燃油。

学习点 02　每周保养内容

1）轮胎气压检查：调整轮胎气压、清理轮胎上的杂物。不要忘记对备胎的检查。

2）发动机及各种油液检查：检查发动机各部件的固定情况，查看发动机各结合面有没有漏油、漏水的情况；检查调整传动带张紧度；查看各部位的管路和导线固定情况；检查补充机油；检查补充冷却液；检查补充电解液；检查补充动力转向机油；清洁散热器外表；补充风窗玻璃清洗液等。

3）清洁：清洁汽车内部，清洗汽车外表。

学习点 03　每月保养内容

1）外部检查：巡视汽车，检查灯泡及灯罩的损坏情况；检查车体饰物的固定情况；检查后视镜的情况。

2）轮胎检查：检查轮胎的磨损情况，清理行李舱；接近轮胎的磨耗记号时应更换轮胎，检查轮胎有没有鼓包、异常磨损、老化、裂纹和硬伤等情况。

3）清洁：打蜡，彻底清扫汽车内部；清洁散热器外表、机油散热器外表和空调散热器外表的杂物。

4）检查底盘有没有漏油的现象：如果发现有漏油痕迹，应检查各总成的齿轮油量并进行适当的补充，对底盘所有的油嘴进行充分的补脂作业，如图3所示。

5）其他：细致重复每周的保养内容。

学习点 04
半年保养内容

1）发动机外部：清洗发动机外表，清洗时注意对电气部分的防水处理。如果电气部分对防水要求较高的话，应避免用高压水枪来冲洗发动机，可以用毛刷沾清洗剂清洗发动机外表。

2）分电器：用干净的抹布擦净分电器盖内的污物，清除分电器触点处的污物，消除触点烧蚀的斑痕，检查高速触点间隙或电子点火系统的磁极间隙，润滑分电器各润滑点。

3）三滤、机油：用压缩空气吹去空气滤清器的灰尘；适时更换燃油滤清器并清洗管路接头的滤网；更换机油及机油滤清器。对于国产车还应清洗机油粗滤器、燃油预滤器和离心式细滤清器。

4）蓄电池检查：检查蓄电池接线柱部分有没有腐蚀的现象，用热水冲洗蓄电池外表，清除蓄电池接线柱上的腐蚀物。测量调整蓄电池的电解液相对密度。

5）冷却液检查：补充冷却液、清洁散热器。

6）轮胎轮毂检查：检查轮胎的磨损情况，对轮胎实施换位。检查轮毂、轴承预紧情况，如有间隙，应调整预紧度。

7）制动系统检查：调整驻车制动器操纵杆工作行程；检查调整鼓式驻车制动器的蹄片间隙；检查调整制动踏板的自由行程；检查车轮制动器蹄片磨损情况，如果达到磨耗记号应更换制动蹄片；检查调整车轮制动器蹄片间隙；检查补充制动液等。

8）紧固检查：检查底盘重要螺栓、螺母的紧固情况，特别是转向系统的重要螺栓和螺母，发现有松动或缺损情况，应补齐、拧紧。

9）底盘检查：检查底盘各部分管路情况，查看有没有泄漏，检查紧固所有金属连接杆件，并检查橡胶轴套有没有损坏的情况，对底盘所有润滑点进行补脂润滑。

10）灯光检查：修理汽车灯光、电器，检查维护制冷、取暖装置，清洁音响系统等。

学习点 05
每年保养内容

1）点火正时检查：调整汽车发动机的点火正时情况，对柴油机的供油正时的检查与调整最好到修理厂进行。

2）气门间隙：对装有普通气门的发动机，应检查气门间隙。

3）清洁润滑：清洁发动机舱盖、车门和行李舱的铰接机构的油污，重新调整并润滑上述机构。

学习点 06
汽车常见部件更换保养周期

发动机部分：

1）正时带（早期国产橡胶带）7万~8万km；正时带（进口）8万~10万km；V带4万~6万km。

2）机油及机油滤清器0.5万~1万km；冷却液2年。

3）火花塞（早期普通型）2万km；火花塞（白金）8万~10万km；分电器触点4万km清洁、检查，必要时更换。

4）汽油滤清器4万km；空气滤清器滤芯2万km。

5）汽油软管8万km冲洗、放出沉淀物。

6）汽油箱8万km冲洗、放出沉淀物。

底盘及车身部分：

1）制动片每1万km检查，使用厚度极限1mm；制动主缸、制动轮缸橡胶件及防尘套8万km或3年；制动系软管4万km或2年；制动液4万km或2年。

2）离合器助力系统橡胶件及防尘套4万km或2年；离合器助力系统油液4万km或2年。

3）动力转向油液4万km或2年。

4）自动变速器油4万km。

5）手动变速器油4万km或2年（APIGLA4或GL-5）。

6）差速器油4万km或2年（APIGL4或GL-5），新车必须在第一次换油时更换。

7）轮胎花纹深度不小于1mm。

8）上下控制臂球头节及防尘套4万km检查，必要时更换。

9）转向杆球头节及防尘套4万km检查，必要时更换。

10）离合器摩擦片4万km检查，必要时更换，铆钉深度不小于0.3mm。

三、课后拓展

1. 正时链更换周期是多少?

2. 新能源汽车与传统汽车相比,在保养项目上有哪些区别?

四、任务实施

作业前的准备	
（1）防护五件套（转向盘套、变速杆套、地板垫、座椅套和驻车制动器操纵杆套）	
（2）实训轿车	
（3）清洁工位，将实训车辆停放在合理位置	
（4）安装五件套	
（5）拉紧驻车制动器或将档位置于 P 位	

实训数据记录				
姓名		班级		
学号		指导教师		
组员				
汽车 VIN 码				
汽车品牌		车型、年份		里程
工具选择				
实训流程、数据记录、结果分析				

实践反思

自评、互评、教师点评表

姓名		班级		学号		指导教师		组别	
评分项目		评分内容				分值	个人评分	小组评分	教师评分
工具、场地准备		场地干净整洁，符合作业要求				5			
		通用及专用工具准备齐全、正确				5			
专业知识学习		学习态度端正，认真积极				5			
工具、设备选择与使用		检测与维修工具、设备选择正确、合适				5			
		工具、设备使用正确，操作规范				10			
操作实施		按照要求实施操作				25			
		操作正确、有序				10			
		零部件拆装无破损				5			
总结报告		数据记录完整，符合实际情况				5			
		实训报告客观、务实				5			
团队协作能力		小组成员分工明确				5			
		团队协作，共同完成实训操作				5			
安全		安全操作，未出现人身危险情况				5			
		工具、设备使用安全，未损坏				5			
总分						100			

组长： 日期：

项目 2
汽车运行材料

项目目标
- 了解汽车运行材料的分类
- 掌握汽车运行材料的性能和选取原则

项目任务
- 能对汽车运行油液进行识别
- 能正确读取汽车运行材料的储量

任务 1　汽车燃料和润滑料

一、学习目标

1. 了解汽车运行材料的种类
2. 掌握汽车燃料和润滑料的种类及选用标准

二、学习任务

学习点 01
汽车运行材料的分类

汽车运行材料可分为汽车燃料、汽车润滑料、汽车特种液料和汽车轮胎。

微课视频
汽车运行材料的分类以及汽车燃料的种类

学习点 02
汽车燃料有哪些种类

汽车燃料是为汽车提供动力的可燃性物质。燃料燃烧时产生热能，通过能量转换装置转换成机械能而驱使汽车行驶。由石油炼制的车用汽油或轻柴油，具有热值高、对金属的腐蚀性小、燃烧后生成的灰分少、储运方便等优点，是汽车的主要燃料。

在一些特殊情况下，汽车也可采用代用燃料。常用的代用燃料有液化石油气、乙醇、甲醇等液体代用燃料，甲醇或苯与汽油按一定比例掺和的混合代用燃料等，但代用燃料一般不如汽油的热值高，大多需要在汽车上附加专用装置。

学习点 03
我国汽油和柴油的标号有哪些？怎样选择合适的汽油或柴油

汽油，是从石油里分馏、裂解出来的具有挥发性、可燃性的烃类混合物液体，可用作燃料。汽油的外观为透明液体，可燃，馏程为 30~220℃，主要成分为 C_5~C_{12} 的脂肪烃和环烷烃，并且含有一定量的芳香烃。汽车用汽油需要具有较高的辛烷值（抗爆燃性能），并按辛烷值的高低分为 89 号、90 号、92 号、93 号、95 号、97 号、98 号等牌号。2012 年 1 月起，汽油牌号 90 号、93 号、97 号修改为 89 号、92 号、95 号。

微课视频
我国车用汽油和柴油标号的划分与选择

汽油牌号是按辛烷值大小来划分的。辛烷值是汽油的重要指标。汽油的标号越高，其辛烷值就越高，汽油的抗爆性就越强。选用汽油标号的总原则是不使发动机产生爆燃。为此，应依据汽车生产厂家规定、发动机压缩比的高低（压缩比为 8.0~10.0 的汽油机应选用 92 号汽油；压缩比在 10.0 以上的汽油机应选用 95 号汽油）和汽车的使用条件选用汽油。

目前，国内汽车用轻柴油按凝固点分为 10 号柴油、0 号柴油、–10 号柴油、–20 号柴油、–35 号柴油和 –50 号柴油 6 个标号。选用柴油标号的总原则是在任何气温下，都要保证柴油油料的流动供给。根据车辆使用地区和季节的不同，选用适应季节气温的柴油，是选用柴油的基本依据。一般选用柴油的凝点应比最低气温低 5℃左右，以保证柴油在最低气温时不致凝固而影响使用。

学习点 04
汽车润滑料的作用及种类

汽车润滑料是用于汽车各相对运动零件摩擦表面间的润滑介质，具有减小摩擦阻力、保护摩擦表面的功能，并有密封、吸收和传递摩擦热以及清洗零件的作用。汽车润滑料主要有发动机润滑油（机油）、齿轮油和润滑脂。各种润滑料都有多种规格和不同的使用范围，应按汽车技术规范正确选用和定期更换。

学习点 05
发动机润滑油（机油）是如何分类的？如何合理选用

我国机油的牌号是按机油的使用性能等级和黏度等级两种分类方法来划分的，是参照美国石油协会（API）和美国汽车工程师协会（SAE）相应的分类标准来制订的。

目前，我国汽油机机油按 API 质量分级法分为 SC、SD、SE、SF、SG、SH 和 SL 七个质量等级，柴油机机油分为 CC、CD、CD-Ⅱ、CE 和 CF-4 五个质量等级。等级越高，机油品质越好，如图 2-1 所示。汽油机机油中 SD 级以上的机油是国产高级车用机油，SL 等级最高。汽油机机油和柴油机机油原则上不能相互代用，特别是汽油机机油不能用于柴油机。但是，标有 SE/CC 字样的机油，则为汽油机、柴油机两用机油，其标号的含义是指该机油用于汽油机时符合 SE 质量等级，用于柴油机时符合 CC 质量等级。

微课视频
汽车润滑料与机油

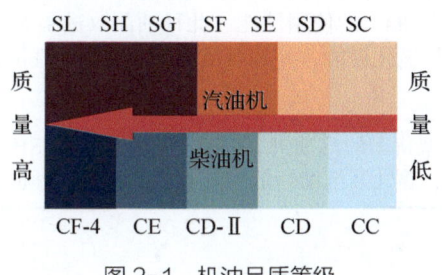

图 2-1 机油品质等级

目前，我国发动机机油按 SAE 黏度分类法有 0W、5W、10W、15W、20W、25W 和 10、20、30、40、50、60 等级别。标号越大，黏度指标就越高。带有"W"字样的机油是指冬用机油，无"W"字样的机油是指夏用机油，标有 15W/40 字样的机油是冬、夏通用机油，国外称为复合机油，国内则称为多级机油，如图 2-2 所示。

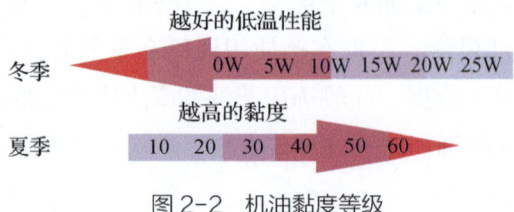

图 2-2 机油黏度等级

机油被看成是发动机的血液，其选用和更换直接影响发动机的使用寿命。发动机种类不同、新旧程度不同、使用条件不同，所选用的机油牌号也不同。机油牌号选用得正确与否，决定了汽车润滑和补给作业的成败。因此，作为汽车专业维护人员，必须综合考虑机油的黏度等级和质量等级这两大选用依据，掌握好换油时机和所选品牌。汽油机机油及柴油机机油质量等级选用情况见表 2-1 和表 2-2。

表 2-1 汽油机机油质量等级选用情况

品种代号	特性和使用场合
SC	用于货车、客车或其他汽油机，以及要求使用 API SC 级油的汽油机。此种油品可控制汽油机高、低温沉积物及磨损、锈蚀和腐蚀
SD	用于货车、客车和某些轿车的汽油机，以及要求使用 API SD、SC 级油的汽油机。此种油品控制汽油机高、低温沉积物，以及磨损、锈蚀和腐蚀的性能优于 SC，并可代替 CC
SE	用于轿车和某些货车的汽油机，以及要求使用 API SE、SD 级油的汽油机。此种油品的抗氧化性能及控制汽油机高温沉积物、锈蚀和腐蚀的性能优于 SD 或 SC，并可代替 SD 或 SC
SF	用于轿车和某些货车的汽油机，以及要求使用 API SF、SE 及 SC 级油的汽油机。此种油品的抗氧化性能和抗磨损性能优于 SE，还具有控制汽油机沉积、锈蚀和腐蚀的性能，并可代替 SE、SD 或 SC
SG	用于轿车、货车和轻型货车的汽油机，以及要求使用 API SG 级油的汽油机，SG 质量还包括 CC（或 CD）的使用性能。此种油品改进了 SF 级油控制发动机沉积物、磨损的性能和油的抗氧化性能，并具有抗锈蚀和腐蚀的性能，可代替 SF、SF/CD、SE 或 SE/CC
SH、SL	用于轿车和轻型货车的汽油机，以及要求使用 API SH 级油的汽油机。SH 质量在汽油机磨损、锈蚀、腐蚀及沉淀物的控制和油的抗氧化性能方面优于 SG，并可代替 SG

表 2-2 柴油机机油质量等级选用情况

品种代号	特性和使用场合
CC	用于在中负荷及重负荷下运行的非增压、低增压或增压式柴油机，并包括一些重负荷汽油机；对于柴油机具有控制高温沉积物和轴瓦腐蚀的性能，对于汽油机具有控制锈蚀、腐蚀和高温沉积物的性能
CD	用于需要高效控制磨损及沉积物，或使用包括高硫燃料的非增压、低增压及增压式柴油机，以及国外要求使用 API CD 级油的柴油机。具有控制轴承腐蚀和高温沉积物的性能，并可代替 CC 级油
CD-Ⅱ	用于要求高效控制磨损和沉积物的重负荷二冲程柴油机，以及要求使用 API CD-Ⅱ级油的发动机，同时也满足 CD 级油性能要求
CE	用于在低速高负荷和高速高负荷条件下运行的低增压和增压式重负荷柴油机，以及要求使用 API CE 级油的发动机，同时也满足 CD 级油性能要求
CF-4	用于高速四冲程柴油机，以及要求使用 API CF-4 级油的柴油机，在油耗和活塞沉积物控制方面性能优于 CE 并可代替 CE，此种油品特别适用于在高速公路行驶的重负荷货车

学习点 06
车用齿轮油是如何分类的？如何合理选用

目前，国内汽车齿轮油的分类方法也有两种：一种是按黏度分类，其分类标准参照 SAE 黏度分类（SAEJ306）执行，具体见表 2-3；另一种是按使用性能分类，执行标准为《润滑剂和有关产品（L 类）的分类 第 7 部分：C 组（齿轮）》GB/T 7631.7—1995 的附录 B，见表 2-4。

微课视频
车用齿轮油及润滑脂的分类和选用

表 2-3 SAE 黏度分类情况

黏度牌号	达到 150Pa·s 的最高温度 /℃	100℃时运动黏度 /（mm²/s）	
		最低	最高
70W	−55	4.1	—
75W	−40	4.1	—
80W	−26	7.0	—
85W	−12	11.0	—
90	−10	13.5	24.0
140	10	24.0	41.0
250	20	41.0	—

表 2-4　GB/T 7631.7—1995

我国汽车齿轮油	普通车辆齿轮油	中负荷车辆齿轮油	重负荷车辆齿轮油
API 分类号	GL-3	GL-4	GL-5

通常按照汽车使用说明书的规定，选择与该车型相适应的齿轮油的黏度等级及使用标号，还可参照下列原则选用齿轮油。

1）根据当地季节气温选择齿轮油的黏度级别。齿轮油的黏度级别有 70W、75W、80W、85W、90、140 和 250 号等标号，分别适用于最低气温 -55℃、-40℃、-26℃、-12℃、-10℃、10℃和 20℃的地区，应对照当地季节最低气温适当选用齿轮油的黏度级别。

2）根据齿轮类型和工况选择齿轮油的使用性能级别。对于一般工作条件下的弧齿锥齿轮主减速器（驱动桥）、变速器和转向器等，可选用普通车辆齿轮油；对于准双曲面齿轮主减速器，必须根据工作条件选用中负荷车辆齿轮油或重负荷齿轮油。

学习点 07
润滑脂是如何分类的？怎样选用

润滑脂是指将稠化剂掺入液体润滑剂中制成的一种稳定的固体或半固体润滑产品。在不宜用液体润滑剂的部位使用润滑脂，可起到润滑抗磨、密封防护等作用。例如，汽车的轮毂轴承、各拉杆球头、传动轴万向节等处，均使用润滑脂润滑。

润滑脂的种类有钙基润滑脂、钠基润滑脂、钙钠基润滑脂、复合钙基润滑脂、通用锂基润滑脂、汽车通用锂基润滑脂、极压锂基润滑脂和石墨钙基润滑脂等。各种润滑脂的特性及适用范围见表 2-5。

表 2-5　各种润滑脂的特性及适用范围

品种	特性	适用范围
钙基润滑脂	抗水性好，耐热性差，使用寿命短	使用温度范围为 -10-60℃，适用于汽车轮毂轴承、底盘拉杆球节、冷却液泵轴承、分电器凸轮等部位
钠基润滑脂	耐热性好，抗水性差，有较好的极压减磨性能	使用温度最高可达 120℃，只适用于低速高负荷轴承，不能用在潮湿环境或与水接触部位
钙钠基润滑脂	耐热性、抗水性介于钙基和钠基润滑脂之间	使用温度不高于 100℃，不宜在低温下使用，适用于不太潮湿条件下的滚动轴承，如底盘、轮毂等处的轴承
复合钙基润滑脂	较好的机械稳定性和胶体稳定性，耐热性好	适用于较高温度及潮湿条件下润滑大负荷工作的部件，如汽车轮毂轴承等处的润滑，使用温度可达 150℃左右

（续）

品种	特性	适用范围
通用锂基润滑脂	具有良好的抗水性、机械稳定性、防锈性和氧化稳定性	适用于 -20~120℃ 宽温度范围内各种机械设备的滚动和滑动轴承及其他摩擦部位的润滑，是一种长寿命通用润滑脂
汽车通用锂基润滑脂	良好的机械稳定性、胶体稳定性、防锈性、氧化稳定性和抗水性	适用于 -30~120℃ 下汽车轮毂轴承、冷却液泵、发电机等各摩擦部位润滑，国产和进口车辆普遍推荐使用该润滑脂
极压锂基润滑脂	具有极高的极压抗磨性	适用于 -20~120℃ 下高负荷机械设备的齿轮和轴承润滑，部分国产和进口车型推荐使用该润滑脂
石墨钙基润滑脂	具有良好的抗水性和抗碾压性能	适用于重负荷、低转速和粗糙的机械润滑，可用于汽车钢板弹簧、半挂车铰接盘、起重机齿轮转盘等承压部位

选用润滑脂时，其性能指标除了应具备适当防锈性、防腐性和稳定性等基本条件外，还应注意产品的稠度、良好的高低温性能以及抗磨性、抗水性，并注意以下几点。

1）尽量使用汽车通用锂基润滑脂。汽车通用锂基润滑脂外观发亮，呈奶油状，滴点高，使用温度范围广，并具有良好的低温性、抗剪磨性、抗水性、抗腐蚀性和热氧化稳定性等，是目前汽车上最常用的一种多效能润滑脂。

2）清理润滑部位，保证油脂清洁。通过油嘴加注润滑脂时应特别注意，所用油嘴要擦净，从油脂枪中先挤出少许润滑脂并抹掉不用；更换油脂时，在涂脂前必须用有机溶剂洗净零部件表面并吹干，然后重新加注润滑脂。在更换润滑脂时，要注意不同种类的润滑脂不能混用，即使是同类的润滑脂也不可新旧混合使用。因为旧润滑脂含有大量的有机酸和机械杂质，将会加速新润滑脂的氧化，所以在换润滑脂时，一定要把旧润滑脂清洗干净，才能加入新润滑脂。

3）用量适当，不宜过多。轮毂轴承的润滑是汽车上最为重要的润滑作业。更换轮毂轴承润滑脂时，仅在轴承的滚珠或滚柱之间塞满润滑脂，而轮毂内腔采用"空毂润滑"，即在轮毂内腔表面仅涂上薄薄一层润滑脂起到防锈作用即可，这样利于散热，并可降低润滑脂的工作温度，防止润滑脂稀化流淌。不要采用"满毂润滑"，即把润滑脂填满整个轮毂内腔，这样既不科学，又很浪费，甚至在汽车频繁制动和制动时间过长的情况下，可能会因轮毂过热而使润滑脂流淌到制动摩擦片表面而引起打滑，使制动失灵，造成事故。

三、课后拓展

1. 查阅资料,说明长安、吉利轿车推荐使用的燃料和润滑料的型号。

2. 简述发动机润滑油的使用性能。

四、任务实施

作业前的准备	
（1）防护五件套（转向盘套、变速杆套、地板垫、座椅套和驻车制动器操纵杆套）	
（2）实训轿车	
（3）清洁工位，将实训车辆停放在合理位置	
（4）安装五件套	
（5）拉紧驻车制动器或将档位置于 P 位	

实训数据记录			
姓名		班级	
学号		指导教师	
组员			
汽车 VIN 码			
汽车品牌		车型、年份	里程
工具选择			
实训流程、数据记录、结果分析			

实践反思

自评、互评、教师点评表

姓名		班级		学号		指导教师		组别	
评分项目	评分内容					分值	个人评分	小组评分	教师评分
工具、场地准备	场地干净整洁，符合作业要求					5			
	通用及专用工具准备齐全、正确					5			
专业知识学习	学习态度端正，认真积极					5			
工具、设备选择与使用	检测与维修工具、设备选择正确、合适					5			
	工具、设备使用正确，操作规范					10			
操作实施	按照要求实施操作					25			
	操作正确、有序					10			
	零部件拆装无破损					5			
总结报告	数据记录完整，符合实际情况					5			
	实训报告客观、务实					5			
团队协作能力	小组成员分工明确					5			
	团队协作，共同完成实训操作					5			
安全	安全操作，未出现人身危险情况					5			
	工具、设备使用安全，未损坏					5			
总分						100			

组长： 日期：

任务 2　汽车特种液料和轮胎

一、学习目标

1. 了解汽车特种液料的种类
2. 掌握汽车特种液料的选用标准
3. 掌握轮胎各项参数的具体含义

二、学习任务

学习点 01　汽车特种液料有哪些

汽车某些机构工作必需的液料，主要有汽车制动液、汽车防冻液、液力变矩器液、动力转向器液、减振器液、电解液和制冷剂等。

微课视频
汽车特种液料
有哪些

1）汽车制动液：汽车液压制动系统中传递制动压力的液态介质。对汽车制动液的性能要求是：黏温性好，凝固点低，低温流动性好；沸点高，高温下不产生气阻；使用过程中品质变化小，不会引起金属件和橡胶件的腐蚀和变质。

2）汽车防冻液：冬季气温低，为使汽车在冬季低温下仍能继续使用，发动机冷却液中加入了一些能够降低水冰点的物质作为防冻剂，即使在低温天气时也能够使冷却系统不冻结。因此，人们有时把冷却液称作"防冻液"或"不冻液"。防冻液的全称应该叫防冻冷却液，意为有防冻功能的冷却液。

3）液力变矩器液：液力变矩器液用于高级轿车和重型货车装用的液力变矩器中。作为传递转矩的介质，变矩器液应具有较好的抗泡性，高温下有较好的抗氧化性，能在 –40~170℃温度范围内工作。

4）动力转向器液：动力转向器液用于重型货车或客车装用的助力式转向器中，作为传递转向力的介质，常与变矩器液通用。

5）减振器液：减振器液用于汽车减振器，它应具有良好的黏温性，以减少温度变化对黏度的影响。

6）电解液：电解液用于铅酸蓄电池，由蒸馏水和硫酸按一定比例配制而成。气温 20℃时，电解液的密度为 1.24~1.28g/cm³。

7）制冷剂是空调系统中的循环介质，通过膨胀和蒸发吸收能量，从而获得制冷效果。制冷剂必须具有抗燃、抗爆性能，而且应该是无毒、无腐蚀性、无臭味的。目前，作为R-12（氟利昂）的替代产品，对臭氧层无害的制冷剂CFC-134a（R-134a）成为唯一的选择，广泛应用于汽车空调系统中。

特种液料一般按车辆使用说明书的规定选择适当品种，并且不得混合使用。

 学习点 02

汽车轮胎有哪些类型？怎样识别

轮胎的类型很多，按胎面花纹可分为普通花纹轮胎、混合花纹轮胎和越野花纹轮胎；按胎体中的帘线排列不同可分为普通斜交轮胎、带束斜交轮胎和子午线轮胎；按有无内胎可分为有内胎的轮胎和无内胎的轮胎。

微课视频
汽车轮胎的分类

轮胎规格常用一组数字和英文字母表示。例如185/60R14，表示胎宽为185mm，扁平率为60%，轮辋直径为14in，如图2-3所示。中间的字母或符号有特殊含义："X"表示高压轮胎；"R""Z"表示子午线轮胎；"—"表示低压轮胎。

> **注意**：轿车和货车、有内胎和无内胎轮胎的规格表示方法不同。

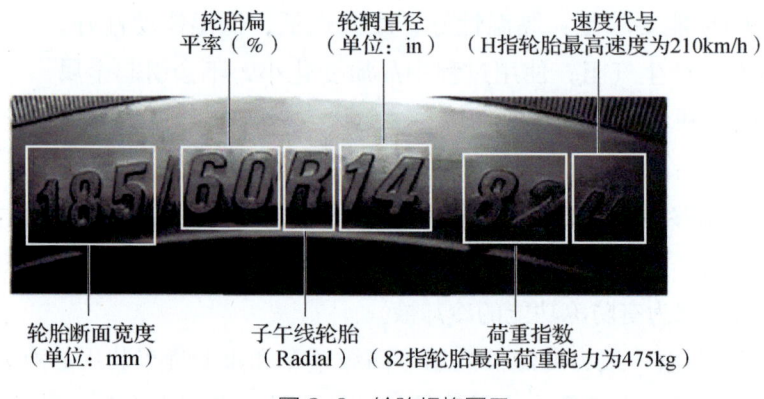

图2-3 轮胎规格图示

 学习点 03

找出发动机舱内冷却液、制动液、玻璃清洗液以及机油的存储位置，并判断各液料的液面高度是否合格

（1）冷却液　冷却液的储液罐即膨胀水箱，它的侧面印有MIN及MAX的两条刻度线，如图2-4所示。当发动机在冷车状态时，若冷却液的液面高度在两条刻度线之间，则说明冷却液液位正常。为了保持冷却液的性能，应每两年更换一次冷却液，在严寒季节开始时进行。更换冷却液应该在服务站进行。

（2）制动液　制动液液面高度应定期检查。液面高度的检查跟冷却液一样，制动液液面高度应位于制动液罐两条刻度线之间，并尽量接近最高标记，如图2-5所示。如果在汽车行驶期间制动液液位高度指示灯亮了，应立即停车检查并向服务站求援。为了保持良好的制动性能，应每两年更换一次制动液。

图2-4　膨胀水箱　　　　　　图2-5　制动液罐

（3）玻璃清洗液　玻璃清洗液不像冷却液和制动液，其储液罐没有刻度标示。检查时，直接打开玻璃清洗液储液罐盖子，当观察不到液面时，直接添加清洗液即可，如图2-6所示。

（4）机油　检查机油液位时，应在冷车状态下进行，具体操作步骤如下。

1）找到机油尺，将其抽出。机油尺位置如图2-7所示。

图2-6　玻璃清洗液储液罐　　　　　　图2-7　机油尺

2）准备一块抹布，将机油尺尺头上的机油擦拭干净，如图2-8所示。

> **注意：** 由于发动机运转时机油受热膨胀以及机油会循环流动，如果直接观察机油尺，油位往往会显示偏高，因此第一次抽出机油尺时应先将机油尺擦拭干净。

3）重新插入机油尺到底，并再次拔出，观察机油液面高度，如图2-9所示。机油液面高度应在机油尺上下限刻度之间。

 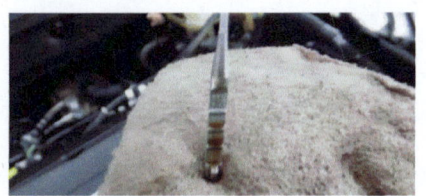

图2-8　机油尺擦拭　　　　　　图2-9　机油液面高度

4）检查完毕后，将机油尺重新插入原位置。如若有机油滴落到发动机上，应立即用抹布清理干净。

三、课后拓展

1. 查阅资料，说明长安轿车推荐使用的特种液料的型号。

2. 结合实训用车的轮胎标识，分别找出轮胎的扁平率、轮胎半径、速度等级代号、荷重指数、断面宽度和品牌。

四、任务实施

作业前的准备	
（1）防护五件套（转向盘套、变速杆套、地板垫、座椅套和驻车制动器操纵杆套）	
（2）实训轿车	
（3）清洁工位，将实训车辆停放在合理位置	
（4）安装五件套	
（5）拉紧驻车制动器或将档位置于 P 位	

实训数据记录				
姓名		班级		
学号		指导教师		
组员				
汽车 VIN 码				
汽车品牌		车型、年份		里程
工具选择				
实训流程、数据记录、结果分析				

实践反思

自评、互评、教师点评表

姓名		班级		学号		指导教师		组别	
评分项目	评分内容				分值	个人评分	小组评分	教师评分	
工具、场地准备	场地干净整洁，符合作业要求				5				
	通用及专用工具准备齐全、正确				5				
专业知识学习	学习态度端正，认真积极				5				
工具、设备选择与使用	检测与维修工具、设备选择正确、合适				5				
	工具、设备使用正确，操作规范				10				
操作实施	按照要求实施操作				25				
	操作正确、有序				10				
	零部件拆装无破损				5				
总结报告	数据记录完整，符合实际情况				5				
	实训报告客观、务实				5				
团队协作能力	小组成员分工明确				5				
	团队协作，共同完成实训操作				5				
安全	安全操作，未出现人身危险情况				5				
	工具、设备使用安全，未损坏				5				
总分					100				

组长：　　　　　　　　　　　　　日期：

项目 3
汽车通用保养

项目目标
- 了解汽车通用保养项目的内容
- 掌握汽车通用保养项目的操作方式
- 能使用专用设备进行相关作业

项目任务
- 能熟练操作汽车通用保养项目的流程

任务 1　新车首次保养

一、学习目标

1. 熟悉并掌握车辆首次保养的内容及方法
2. 掌握车辆进入 4S 店后的接待流程

微课视频
新车首次保养

二、学习任务

学习点 01　汽车何时进行首次保养

新车一般在行驶 5000km，或者自购买之日起三个月后就应该进行首次保养，以二者先到为准。目前，各汽车厂商对新车的首次保养都是免费的，用户只需携带购车发票和购车时赠予的首次保养卡，到所购车型的任意一家授权 4S 店均可享受免费的首次保养服务。

学习点 02　汽车首次保养意义

新车处于磨合状态，机械部件的磨合对润滑油的需求会比较高，做首次保养的意义正在于此。另外，对汽车运行材料的检查也在首次保养范围内，这对新车的长期稳定运行具有较强的经济意义。

学习点 03　车辆维护的流程是怎样的

1）客户到达 4S 店后，了解清楚客户目的后，安排人员、时间、工位、备件等。
2）安装防护五件套。
3）记录用户和汽车信息。
4）确认客户的维护/维修要求。
5）车辆外观检查，检查时注意车辆油漆有无刮伤、钣金件有无变形、玻璃有无破裂、轮胎有无损伤等，并做好记录，以免引起不必要的纠纷。
6）初步确立维修/维护内容。
7）维修/维护项目、费用说明。

8)车辆交付时间说明。
9)维修委托书签订。
10)送用户去休息室或离站。
11)根据维修保养流程对车辆进行相应操作。
12)维修保养完毕后,进行维护竣工检验,确保无漏项以及维护质量。
13)费用结算。
14)用户回访。

学习点 04
车辆进行首次保养的项目主要有哪些

1)更换机油及机油滤清器。
2)检查冷却液、制动液、转向助力液及玻璃清洗液液位,不足时添加。
3)检查发动机外围系统及底盘各部位有无漏油、漏水、漏电等情况。
4)检查轮胎胎压,并保持在标准值范围内。
5)清洁空气滤清器及空调滤清器。
6)仪表板保养里程信息清零等。
7)根据客户反映的用车情况进行针对性的检查维护。

三、课后拓展

1. 查阅资料,说明比亚迪纯电动轿车、吉利燃油轿车首次保养的内容及周期。

2. 车辆首次保养后,如何对保养的内容进行检查验收?

汽车维护与保养

四、任务实施

作业前的准备	
（1）防护五件套（转向盘套、变速杆套、地板垫、座椅套和驻车制动器操纵杆套）	
（2）实训轿车	
（3）清洁工位，将实训车辆停放在合理位置	
（4）安装五件套	
（5）拉紧驻车制动器或将档位置于P位	

车辆外观检查：

要注意不能有遗漏，并且确保检查仔细到位。由于车辆外观检查项目较多，可以按逆时针顺序从左前组合灯开始，绕车辆一周进行检查，检查时注意以下细节。

1）油漆面。检查漆面有无刮痕、掉漆等现象。

2）钣金件。检查钣金件有无变形和破损，保险杠、翼子板部位有没有松动、掉落等情况。

3）玻璃。检查各玻璃部位有没有破裂、太阳膜有没有气泡和损伤等。

4）灯具。检查各灯具安装是否牢固、表面有无破损等。

5）轮胎。检查轮胎及轮辋外表面有无硬伤、目测胎压是否正常。

具体检测流程如下：

检查组合灯	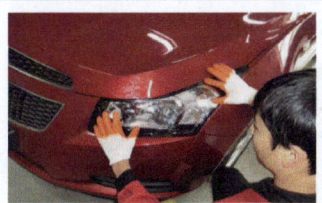	1. 检查灯罩是否有破损 2. 检查灯具是否松动 3. 检查灯具有无进水起雾 4. 检查灯罩是否老化发黄

（续）

检查翼子板		1. 检查漆面是否正常 2. 检查钣金件有无变形 3. 检查安装是否牢固
检查轮胎		1. 检查轮胎有无伤痕、钉扎、鼓包 2. 检查轮毂外表面有无伤痕
检查后视镜		检查后视镜的漆面和钣金，检查玻璃有无破裂
检查车门		1. 检查车门的漆面和钣金，检查玻璃有无破裂、太阳膜是否完好 2. 检查车门铰链、门锁是否正常
检查行李舱盖		检查行李舱盖漆面和钣金，检查行李舱盖铰链及行李舱锁是否正常
检查保险杠		检查保险杠漆面和钣金，确保保险杠安装牢固无松脱等情况
检查油箱盖		检查油箱盖漆面和钣金，检查油箱盖锁止和开启是否正常

项目 3　汽车通用保养

实训数据记录				
姓名		班级		
学号		指导教师		
组员				
汽车 VIN 码				
汽车品牌		车型、年份		里程
工具选择				
实训流程、数据记录、结果分析				

实践反思

自评、互评、教师点评表

姓名		班级		学号		指导教师		组别	
评分项目		评分内容				分值	个人评分	小组评分	教师评分
工具、场地准备		场地干净整洁，符合作业要求				5			
工具、场地准备		通用及专用工具准备齐全、正确				5			
专业知识学习		学习态度端正，认真积极				5			
工具、设备选择与使用		检测与维修工具、设备选择正确、合适				5			
工具、设备选择与使用		工具、设备使用正确，操作规范				10			
操作实施		按照要求实施操作				25			
操作实施		操作正确、有序				10			
操作实施		零部件拆装无破损				5			
总结报告		数据记录完整，符合实际情况				5			
总结报告		实训报告客观、务实				5			
团队协作能力		小组成员分工明确				5			
团队协作能力		团队协作，共同完成实训操作				5			
安全		安全操作，未出现人身危险情况				5			
安全		工具、设备使用安全，未损坏				5			
总分						100			

组长： 日期：

项目 3　汽车通用保养

任务 2　蓄电池维护

一、学习目标

1. 正确检测蓄电池技术状况
2. 安全规范地对蓄电池进行更换

二、学习任务

学习点 01
蓄电池的作用是什么

蓄电池的作用主要有：
1）发动机起动时，向起动机和点火系统供电。
2）发动机低速运转时，向用电设备和发电机磁场绕组供电。
3）发动机运转时，将发电机剩余电能转化为化学能储存起来。
4）发电机过载时，协助发电机向用电设备供电。
5）蓄电池相当于一个大电容器，能吸收电路中出现的瞬时过电压，保护电子元件，保持汽车电器系统电压稳定。

微课视频
蓄电池作用、类型及其型号

学习点 02
汽车蓄电池有哪些类型？型号是怎样的

目前，燃油汽车上使用的蓄电池主要有两大类：铅酸蓄电池和镍碱蓄电池。

铅酸蓄电池又可以分为普通铅酸蓄电池、干荷电铅酸蓄电池、湿荷电铅酸蓄电池和免维护铅酸蓄电池。由于人们对燃油汽车排放要求的提高和能源危机的影响，各国正在不断探索和研制电动汽车，其主要的动力源为新型高能蓄电池。

按照行业标准《铅酸蓄电池名称、型号编制与命名方法》(JB/T 2599—2012)，标准规定铅酸蓄电池的型号分为三部分：第一部分，串联的单格电池数（用阿拉伯数字表示）；第二部分，蓄电池的类型和特征（用大写汉语拼音字母表示）；第三部分，蓄电池的额定容量（A·h）和特殊性能（用大写汉语拼音字母表示）。如型号 6-QA-60，代表额定电压为 12V、额定容量为 60A·h 的起动型干荷电铅酸蓄电池。

学习点 03
蓄电池的基本结构是怎样的

蓄电池由单体电池串联而成。每个单体内均装有电解液，插入正、负极板组便成为单体电池。

每个单体电池的标称电压约为2V，将3个或6个单体电池串联后便成为一只6V或12V蓄电池。以免维护蓄电池为例，它的电解液由制造厂在出厂前一次性加注，密封在壳体内，因此电解液不会泄漏和腐蚀机体或接线柱。

学习点 04
蓄电池常用的充电方法有哪些

蓄电池常用的充电方法有常规充电和快速充电两种。常规充电方法有定电压充电和定电流充电两种。

微课视频
蓄电池基本结构
及常用充电方式

1. 定电压充电

在充电过程中，加在蓄电池两端的充电电压保持恒定不变的充电方法，称为定电压充电。汽车上的蓄电池与发电机并联，这时对蓄电池的充电即为定电压充电。它的特点是充电开始时充电电流很大，随着蓄电池电动势的不断提高，充电电流逐渐减小。充电终了，充电电流将自动减小到零，因而不需要专人看管。同时，由于定电压法充电速度快，4~5h蓄电池就可获得本身容量的90%~95%，比定电流充电时间大大缩短，所以特别适合对具有不同容量的蓄电池进行充电。此方法的主要缺点是不能调整充电电流，因而不能保证蓄电池彻底充足电；不适合初充电和去硫化充电。定电压充电，被充蓄电池常采用并联连接法。要求各并联支路的单格电压总数相等，但各蓄电池的型号、容量以及放电程度则可不同。但要注意，并联蓄电池的数量必须由充电设备的最大输出电流来决定。定电压充电时电源电压调整为蓄电池的总单格数乘2.5（V）为宜。

2. 定电流充电

蓄电池在充电过程中，其充电电流保持恒定不变，随着蓄电池电动势的提高逐步增加充电电压时，常采用这种定电流充电法。因为它具有较大的适用性，可任意选择和调整电流，所以适合各种不同条件（新蓄电池的初充电、使用中的蓄电池补充充电以及去硫充电等）下的蓄电池充电。此方法的主要缺点是充电时间长，需经常人工调节充电电流。定电流充电时，被充蓄电池常采用串联法，即把同容量的蓄电池串联起来接入充电电源。连接后，由于充电时每个单格电池充足电需要提供2.7~2.8V电压，故可按下列公式计算出串联的蓄电池总单格数和蓄电池总数，即

$$\text{蓄电池总单格数} = \frac{\text{充电机的额定电压（V）}}{2.7\text{（V）}}$$

$$\text{蓄电池总数} = \frac{\text{蓄电池总单格数}}{6V\text{蓄电池单格数} + 12V\text{蓄电池单格数}}$$

如果被充蓄电池的容量大小不等，可按混联方法连接蓄电池，也就是在接线前先把被充电的蓄电池按容量与放电程度分组，将额定容量相同且放电程度相同的电池串联起来，并使各串联组内单格电池数相等，然后将各串联组并联接到充电电源上去。所有各串联支路的蓄电池，其容量最好相同，否则电流必须按容量最小的蓄电池来选定，而容量大的蓄电池则不容易充足或充得太慢。

3. 脉冲快速充电法

充电初期采用大电流，使电池在较短的时间内达到额定容量的 60% 左右，当单格电压上升到 2.4V，电解液开始分解冒出气泡时，由于控制电路的作用，停止大电流充电。脉冲期，先停止充电 24~40ms，接着再放电或反向充电，使电池反向通过一个较大的脉冲电流，以消除浓差极化和极板孔隙形成的气泡，然后停止放电 25ms，最后按脉冲期循环充电直到充足。该充电方法的显著特点是充电速度快，即充电时间大大缩短，补充充电仅需几分钟。采用这种方法充电的缺点是由于充电速度快，析出的气体总量虽然减少，但出气率高，对极板活性物质的冲刷力强，故使活性物质易脱落，因而对极板的使用寿命有一定影响。下列蓄电池不能进行快速脉冲充电。

1）未经使用过的新蓄电池。
2）液面高度不正确的蓄电池。
3）各单格电解液密度不均匀的蓄电池，各单格电压差大于 0.2V。
4）电解液混浊并带褐色（极板活性物质脱落）。
5）极板硫化。
6）充电时电解液温度超过 50℃的蓄电池。

学习点 05
充电的种类有哪些

1. 初充电

新蓄电池或修复后的蓄电池（更换极板）在使用之前的首次充电为初充电。具体操作步骤如下。

1）检查蓄电池外壳有无破裂，拧下加液口盖的螺塞，检查通气孔是否畅通。
2）根据不同季节和气温选择电解液密度，将适当密度、温度低于

微课视频
蓄电池的充电种类

30℃的电解液从加液孔处缓缓加入蓄电池内，电解液液面要高出极板上沿 10~15mm。

3）蓄电池加入电解液后，要静置 3~6h，让电解液充分浸渍极板。电解液充分渗透到极板内部后，电解液有所减少，液面下降，此时应再加入电解液，把液面调整到规定值。待蓄电池内温度低于 30℃时，将充电机与蓄电池相连，准备充电。

4）新蓄电池在储存中可能有一部分极板硫化，充电时容易过热，所以初充电的电流选用得较小，充电分两个阶段进行。

第一阶段的充电电流约为蓄电池额定容量的 1/15，充电至电解液中有气泡析出，蓄电池单格端电压达到 2.4V。

第二阶段的充电电流约为蓄电池额定容量的 1/30。

充电过程中，应经常测量电解液的密度和温度。充电初期密度会有所降低，但不需要调整；当液面高度低于规定值时，用相同密度的电解液调至规定值。如果充电时电解液的温度上升到 40℃，则应停止充电或将充电电流减半。如果温度继续上升到 45℃时，则应停止充电，采用水冷或风冷的办法进行人工降温，待降至 35℃以下时再继续充电。整个初充电大约需要 60h，初充电过程中，如减少充电电流则应适当延长充电时间。

①初充电接近终了时，如果电解液密度不符合规定，应用蒸馏水或密度为 1.40g/cm³ 的稀硫酸进行调整，再充电 2h，直至蓄电池单格端电压上升到最大值，并在 2~3h 内不再增加。电解液密度上升到最大值，也在 2~3h 内不再增加，并产生大量气泡，电解液呈"沸腾"状态。这时蓄电池已充满电，应切断电源，以免过充电。

②新蓄电池充满电后，应以 20h 放电率放电，如 3-Q-90 型蓄电池以 4.5A 电流连续放电至单格电压 1.75V，再按补充充电的电流值充足，再以 20h 放电率放电。如果第二次放电时蓄电池容量不小于额定容量的 90%，即可进行最后一次充电，便可使用。

放电的方法如下：使充足电的蓄电池休息 1~2h，调整可变电阻以蓄电池额定容量的 1/20 连续放电。放电开始后每隔 2h 测量一次单格电压，当单格电压降至 1.85V 时，每隔 20min 测一次电压，单相电压降到 1.75V 后应立即停止放电。另外，也可以用车用灯泡作为负载进行放电。

2. 蓄电池的补充充电

蓄电池在使用中，如果发现起动机运转无力，灯光比平时暗淡，冬季放电超过 25%，夏季放电超过 50%，储存不用已近一个月的普通蓄电池，都必须进行补充充电。另外，由于汽车上使用的蓄电池进行的是定电压充电，不可能使蓄电池充电充足，为了有效防止硫化，最好 2~3 个月进行一次补充充电。补充充电具体步骤如下。

1）从汽车上拆下蓄电池，清除蓄电池盖上的脏污，疏通加液孔盖上的通气小孔，清除极桩和导线插头上的氧化物。

2）旋下加液孔盖，检查电解液的液面高度。如果高度不符合规定要求，应添加蒸馏水，但如果确定是电解液逸出导致液面下降，则应用密度为 1.40g/cm³ 的稀硫酸调配。电解液液面应高出极板上缘 10~15mm。

3）用高率放电计检查各单格电压的放电情况，要求蓄电池的各个单格电压读数（电压值）基本一致。

4）将蓄电池与充电机相连。补充充电也分为两个阶段：第一个阶段的充电电流约为蓄电池额定容量的 1/10，充至单格电压为 2.3~2.41V。第二个阶段的充电电流约为蓄电池额定容量的 1/20，充至单格电压为 2.5~2.7V，电解液密度达到规定值，并且在 2~3h 内基本不变，蓄电池内产生大量气泡，电解液呈"沸腾"状态，此时表示蓄电池电已充足，时间约为 15h。

5）将加液口盖拧紧，擦净蓄电池表面便可使用。

3. 间歇过充电方法

蓄电池充电终了后，继续充电是有害的。但考虑到蓄电池在汽车上经常处于充电不足或部分放电状况，可能产生极板硫化现象，因此每隔一定时间，在完成补充充电的基础上，应进行一次预防极板硫化的过充电，即有意识地把充电时间延长，让蓄电池充电更彻底，以消除可能产生的轻微极板硫化。具体做法是：在正常的补充充电后，停止 1h，再用第二阶段的电流继续充电，直到电解液大量地冒气泡时，再停止 1h，然后再恢复第二阶段的充电，如此循环，直到一接通充电电源，蓄电池在 1~2min 内就出现大量气泡为止。

4. 循环锻炼充电法

循环锻炼充电是为了使极板的活性物质得以充分利用，保证蓄电池容量不下降的一种方法。在蓄电池正常补充充电（或间歇充电）之后，用 20h 放电率进行放电，然后再实施正常补充充电。一般要求循环锻炼后蓄电池的容量应达到额定容量的 90% 以上，否则应进行多次充放电循环。

5. 去硫化充电法

蓄电池发生极板硫化现象后，内阻将显著增大，充电时温升也较快。硫化严重的蓄电池只能报废，极板硫化程度较轻的可以用去硫化充电法加以消除。具体操作如下：

1）首先倒出原有的电解液，并用蒸馏水清洗两次，然后再加入足够的蒸馏水。

2）接通充电电路，将电流调到初充电的第二阶段电流值进行充电。

3）倒出电解液，换加蒸馏水再进行充电，直到电解液密度不再增加为止。

4）以 10h 放电率放电，当单格电压下降到 1.7V 时，再以补充充电的电流进行充电，再放电，再充电，直到容量达到额定值的 80% 以上，即可上车使用。

6. 充电注意事项

充电的种类很多，但注意事项基本相同。

1）严格遵守各种充电方法的充电规范。

2）充电过程中，要密切观察各单格电池的电压和电解液密度变化，及时判断其充电程度和技术状况。

3）在充电过程中，密切注意蓄电池的温度。

4）初充电时应连续进行，不能长时间间断。

5）配制和灌入电解液时，要严格遵守安全操作规则和器皿的使用规则。

6）充电场所要有备用的冷水、10%碳酸钠溶液或10%氨水溶液。

7）充电室要安装通风装置，并严禁明火。

8）充电设备不应与蓄电池放置在同一工作间，充电时应先连接蓄电池连接线，再打开充电机的电源开关。停止充电时应先切断电源，再拆下蓄电池连接线，以防产生火花。

三、课后拓展

1. 查阅资料，说说如何判断蓄电池的使用寿命。

2. 在蓄电池电压不足的情况下，如何起动车辆？

3. 对于不是免维护的蓄电池如何进行充电操作？

四、任务实施

作业前的准备	
（1）防护五件套（转向盘套、变速杆套、地板垫、座椅套和驻车制动器操纵杆套）	
（2）实训轿车	
（3）清洁工位，将实训车辆停放在合理位置	
（4）安装五件套	
（5）拉紧驻车制动器或将档位置于P位	

检查蓄电池的步骤是：

1）检查电缆、接线柱是否有氧化、腐蚀的现象。

2）检查电缆与接线柱的连接是否紧固。

3）检查极柱是否氧化、腐蚀，蓄电池壳体是否有漏液现象。

4）在发动机未起动的情况下，利用万用表在常温条件下测量蓄电池电压，电压值应不小于12.4V，如图3-1所示。

图3-1 起动前蓄电池电压

5)起动发动机,将转速稳定在 2000r/min,测量蓄电池电压,电压值应在 14~14.8V 之间,如图 3-2 所示。

图 3-2 起动后蓄电池电压

免维护蓄电池,其充电步骤如下。

1)确认驾驶室内点火开关处于关闭位置。

2)找到负极接线柱,拆卸负极接线柱锁紧螺母,取下负极电缆,如图 3-3 所示。

3)找到正极接线柱,拆卸正极接线柱锁紧螺母,取下正极电缆,如图 3-4 所示。

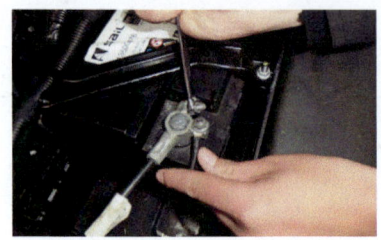 

图 3-3 蓄电池负极接线柱　　　图 3-4 蓄电池正极接线柱

4)松开蓄电池固定装置,如图 3-5 所示。

5)取下蓄电池,清除蓄电池盖上的脏污,清除极柱和导线插头上的氧化物,如图 3-6 所示。

图 3-5 蓄电池固定支架　　　图 3-6 蓄电池清洁

6)将蓄电池与充电机相连,注意蓄电池的正负极,如图 3-7 所示。

图 3-7 执行充电

7)充电完毕后,断开连接线。并按照与蓄电池拆卸步骤相反的顺序安装蓄电池。

项目3　汽车通用保养

实训数据记录					
姓名			班级		
学号			指导教师		
组员					
汽车 VIN 码					
汽车品牌		车型、年份		里程	
工具选择					
实训流程、数据记录、结果分析					

实践反思

自评、互评、教师点评表

姓名		班级		学号		指导教师		组别	
评分项目		评分内容				分值	个人评分	小组评分	教师评分
工具、场地准备		场地干净整洁，符合作业要求				5			
工具、场地准备		通用及专用工具准备齐全、正确				5			
专业知识学习		学习态度端正，认真积极				5			
工具、设备选择与使用		检测与维修工具、设备选择正确、合适				5			
工具、设备选择与使用		工具、设备使用正确，操作规范				10			
操作实施		按照要求实施操作				25			
操作实施		操作正确、有序				10			
操作实施		零部件拆装无破损				5			
总结报告		数据记录完整，符合实际情况				5			
总结报告		实训报告客观、务实				5			
团队协作能力		小组成员分工明确				5			
团队协作能力		团队协作，共同完成实训操作				5			
安全		安全操作，未出现人身危险情况				5			
安全		工具、设备使用安全，未损坏				5			
总分						100			

组长： 日期：

任务 3　轮胎的维护

一、学习目标

1. 叙述车轮的组成和作用
2. 明确轮胎的类型与作用
3. 能根据给定的轮胎技术要求，对轮胎状态进行检测
4. 正确地使用举升机
5. 根据维修手册，安全规范地对车轮进行维护

二、学习任务

学习点 01
车轮的作用及结构是什么

微课视频
汽车车轮与轮胎
的基础知识

1. 车轮的作用

车轮的作用是安装轮胎，承受轮胎与车桥之间的各种载荷。

2. 车轮的结构

车轮由轮毂、轮辋以及这两件元件之间的连接部分（称为轮辐的元件）所组成。按照轮辐结构形式的不同，车轮又分为辐板式和辐条式两种。辐板式车轮如图 3-8 所示，辐条式车轮如图 3-9 所示。

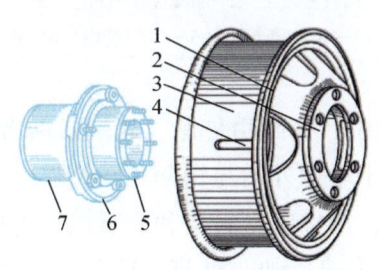

图 3-8　辐板式车轮
1—挡圈　2—轮辐　3—轮辋　4—气门嘴伸出孔
5—螺栓　6—凸缘　7—轮毂

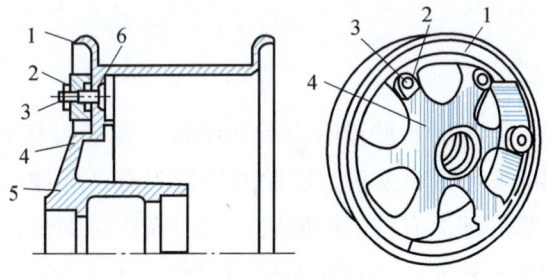

图 3-9　辐条式车轮
1—轮辋　2—衬块　3—螺栓　4—辐条　5—轮毂
6—配合锥面

3. 轮胎的作用

1）承受汽车的质量，承受路面传来的各种载荷。

2）当汽车行驶时，路面不平引起冲击和振动，要求轮胎与悬架能够起到缓和冲击的作用，保证汽车行驶的平稳性。

3）保证车轮和路面接触具有良好的附着性，提高汽车的动力性、制动性和通过性，保持汽车行驶的稳定性。

4. 轮胎的类型与结构

按轮胎的气压大小，可分为高压轮胎（0.5~0.7MPa）、低压轮胎（0.15~0.45MPa）和超低压轮胎（0.15MPa以下）三种。按保持空气的方法不同，充气轮胎可分为有内胎轮胎和无内胎轮胎两种。

1）有内胎的充气轮胎由外胎、内胎和垫带组成，如图3-10所示。

2）无内胎轮胎的外形与有内胎轮胎近似，如图3-11所示。

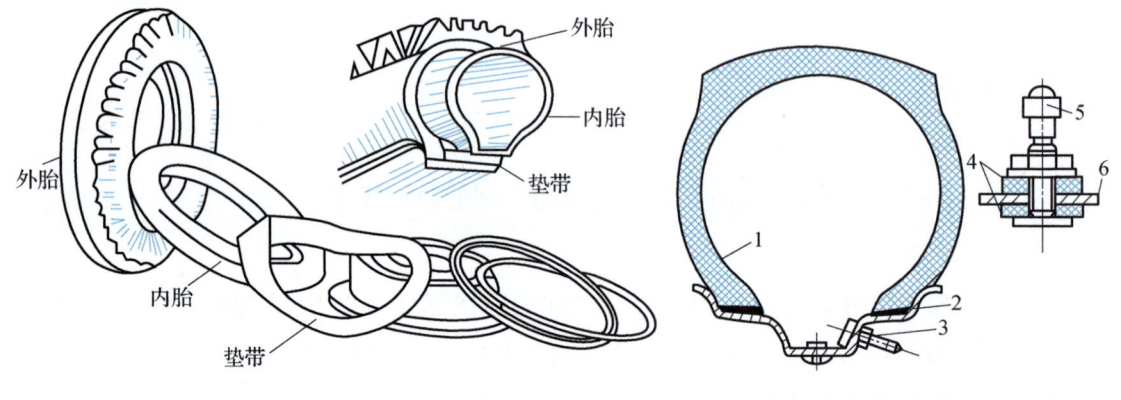

图3-10 轮胎结构（内胎式）　　　　图3-11 轮胎结构（真空式）

1—橡胶密封层　2—胎圈橡胶密封层　3—气门嘴
4—橡胶密封垫　5—气门嘴帽　6—轮辋

无内胎轮胎没有内胎和垫带，空气直接充入外胎中，密封由外胎、轮辋及两者之间的紧密嵌合实现。在胎圈外侧附有一层橡胶层，用于增加外胎与轮辋之间的密封性。轮毂底部涂有均匀的漆层，气门嘴直接固定在轮毂上，用橡胶密封垫和旋紧螺母密封。无内胎轮胎可通过轮胎轮毂散热，工作温度低，适合高速行驶。目前，轿车上广泛使用此种轮胎。

按胎体帘线排列方向的不同，充气轮胎可分为普通斜交轮胎和子午线轮胎。

1）斜交轮胎主要是指帘线与轮胎中心断面的交角为52°~54°，相邻层的帘线交叉排列。帘线可以是棉线、人造丝、尼龙和钢丝。外胎是用耐磨橡胶制成的强度较高而又有弹性的外壳，直接与地面接触，保护着内胎使其不受损伤。普通斜交轮胎的外胎由胎面、帘布层、缓冲层及胎圈等组成，如图 3-12 所示。

2）子午线轮胎的帘线排列方向与轮胎中心断面一致，这种排列可使帘线的强度得到充分利用，所以它的帘线层比普通斜交轮胎减少 40%~50%。子午线轮胎如图 3-13 所示。

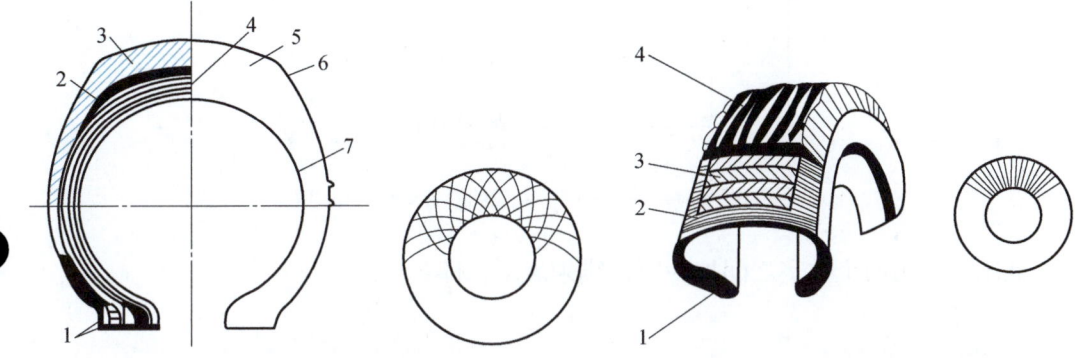

图 3-12　斜交轮胎内部构造
1—胎圈　2—缓冲层　3—胎面　4—帘布层
5—胎冠　6—胎肩　7—胎侧

图 3-13　子午线轮胎内部构造
1—胎圈　2—帘布层　3—带束层　4—胎冠

子午线轮胎的特点是弹性大，滚动阻力小，耐磨性好，附着性好，缓冲性好，承载能力大，胎面不易穿刺。它的不足之处是胎侧易裂口，侧向稳定性差，生产成本高。

为了增加轮胎与路面之间的附着力，防止轮胎纵横向滑移，在胎面上制有各种形式的花纹，如图 3-14 所示。

5. 轮胎规格表示方法

充气轮胎的尺寸标注，如图 3-15 所示。

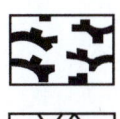  

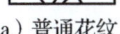

a）普通花纹　　b）混合花纹　　c）越野花纹

图 3-14　轮胎花纹类别

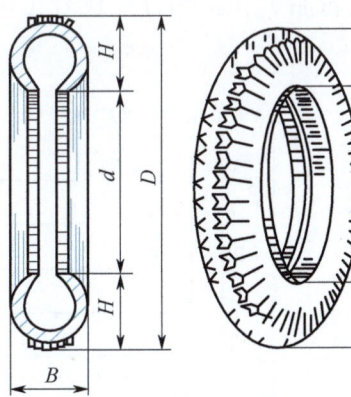

图 3-15　充气轮胎尺寸标注
D—外直径　d—内直径（即轮辋直径）
B—断面宽度　H—断面高度

1)传统方法是用以符号相连的两组数字来标记轮胎,第一组数字表示断面宽度,第二组数字表示轮毂直径。

高压轮胎用两个数字之间加一乘号来表示,即:

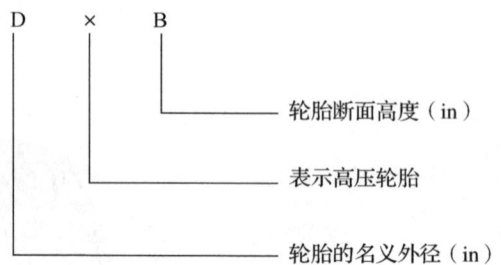

低压轮胎用两个数字之间加一短横线来表示,即:

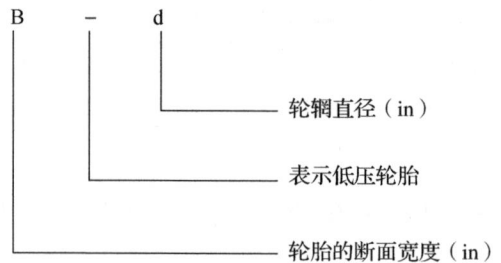

超低压轮胎的表示方法与低压轮胎相同。

如果是子午线轮胎,连接两组数字的"-"通常以字母R代替。两组数字均采用英制单位表示,如11.00R22.5。

2)国际标准以轮胎断面宽度(mm)、轮胎扁平率(%)、轮胎结构代号(如R代表子午线轮胎)和轮辋直径代号(in)四项表示为主,再加上其他参数。举例说明如下:

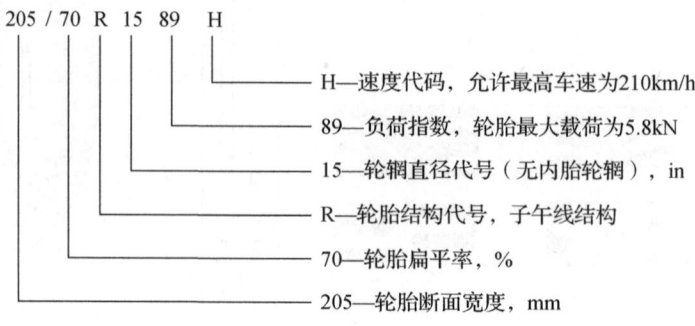

3)轮胎负荷指数和速度等级代码,见表3-1。

表 3-1　轮胎负荷指数和速度等级代码表

负荷指数	最大载荷 /kN	负荷指数	最大载荷 /kN	速度代码	最高车速 /（km/h）
62	2650	87	5450	L	120
63	2720	88	5600	M	130
64	2800	89	5800	N	140
65	2900	90	6000	P	150
66	3000	91	6150	Q	160
67	3070	91	6300	R	170
68	3150	93	6500	S	180
69	3250	94	6700	T	190
70	3350	95	6900	U	200
71	3450	96	7100	H	210
72	3550	97	7300	V	240
73	3650	98	7500	W	270
74	3750	99	7750	VR	>210
75	3870	100	8000	ZR	>240
76	4000	101	8250		
77	4120	102	8500		
78	4250	103	8750		
79	4370	104	9000		
80	4500	105	9250		
81	4620	106	9500		
82	4750	107	9750		
83	4870	108	10000		
84	5000	109	10300		
85	5150	110	10600		
86	5300	111	11200		

学习点 02
轮胎花纹的基本分类及特性是什么

为使轮胎与地面具有良好的附着性能，防止纵向和横向滑移，在胎面上制有各种花纹。不同的花纹适应不同的路面和不同的汽车。轮胎花纹分类及特性见表 3-2。

表 3-2 轮胎花纹分类及特性

花纹类型	特点	适应车型
纵向花纹	以圆周直沟为主的花纹。它的滚动阻力小、操作稳定性好，噪声低，排水性好，不易侧滑，但制动力及驱动力较小	适用于较好路况，用于客车及轻型货车
横向花纹	以横沟为主的花纹。有较高的驱动力、制动力及牵引力，耐磨性极佳，但操纵性及排水性较差	工程机械及重型货车
综合花纹	纵横沟花纹。排水性好，各性能介于纵、横向花纹之间，目前为轮胎市场的主流	适用于多种道路，用于轿车、客车、轮型货车及休闲越野车

学习点 03
车轮的磨损是怎样产生的

微课视频
轮胎的磨损与维护

车轮的磨损主要是车轮与路面接触时，其状况不同所产生的。车轮通过悬架系统安装在汽车上，形成了一定的几何关系，称之为车轮定位。其车轮外倾和车轮前束确定了车轮与路面的接触状况。汽车使用后，定位参数改变、轮胎气压不合适，都会使轮胎两侧的磨损情况不同。同时，现代轿车大多采用发动机前置、前轮驱动的布置形式，这种布置形式加大了前轴的载荷比例，加上前轮为转向轮，其转向和自动回正时都会产生较大的横向摩擦力，使得前轮的磨损比后轮的磨损严重。

学习点 04
轮胎常见的磨损形式和原因有哪些

1. 胎冠异常磨损（图 3-16）

特征：轮胎胎冠磨损较胎肩严重。
原因：主要是胎压过高引起的。

2. 胎肩异常磨损（图 3-17）

特征：轮胎胎肩部位磨损较胎冠严重。
原因：主要是胎压不足引起的。

3. 胎面局部异常磨损（图 3-18）

特征：轮胎胎面局部一块或少数几块部位较其他部位明显磨损严重。
原因：轮胎抱死的情况下造成的局部严重偏磨。

图 3-16 胎冠异常磨损　　图 3-17 胎肩异常磨损

图 3-18 胎面局部异常磨损

4. 单侧异常磨损（图 3-19）

特征：轮胎两侧胎肩部位磨损量不一致。

原因：车轮外倾角等定位参数失准。

图 3-19 单侧异常磨损

5. 羽毛状磨损（图 3-20）

特征：轮胎胎面呈波浪状或羽毛状的一层一层的磨损形态。

原因：主要是轴承松旷、前束和外倾角定位失准造成的侧滑引起的。

图 3-20 羽毛状磨损

6. 其他形式的磨损（图 3-21）

轮胎加工、猛烈撞击、长时间对轮胎的挤压等，会造成轮胎局部的橡胶脱落、表面鼓胀等其他形式的异常磨损。

   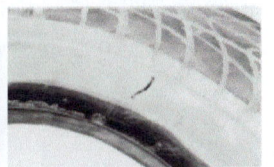

图 3-21 其他形式异常磨损

学习点 05
轮胎的胎压及花纹深度有何要求

一般来说，每种车型对胎压的要求是不同的，即使是同一台车的前后轴车轮的胎压要求也不同。常见汽车的轮胎气压见表 3-3。标准胎压可以在用户手册或驾驶室车门的纵梁标识上查询。胎压偏高、偏低都会造成轮胎的异常磨损，缩短轮胎的使用寿命。

表 3-3 常见汽车轮胎气压

车型	前轮胎压 /kPa	后轮胎压 /kPa
科鲁兹轿车	230	230
卡罗拉轿车	220	220
桑塔纳轿车	230	250

每种车型的标准轮胎气压，一般在车门锁舌下方会有铭牌来标注。科鲁兹轿车的标准胎压标识铭牌在左后车门上，如图 3-22 所示。

轮胎花纹深度是指花纹最表面至花纹沟底的距离。在花纹的纵贯沟内有轮胎"磨耗标记"，如图 3-23 所示。

图 3-22 胎压标识铭牌

当轿车轮胎磨耗到胎面花纹沟深仅剩 1.6mm 时，就必须更换。这时，纵贯胎面的"磨耗标记"胶条便会显露出来，表示应该马上更换轮胎。否则，汽车行驶时轻则轮胎会出现打滑现象，延长制动距离；严重时，当汽车在湿滑路面上行驶时，易产生"浮滑现象"，造成转向盘及制动失灵，引发安全事故，同时也易引发爆胎事故。

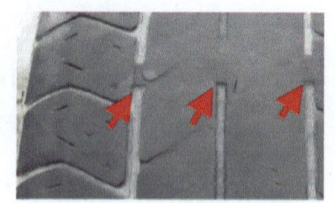

图 3-23　磨耗标记

 学习点 06
对轮胎进行换位的方式是怎样的

汽车在行驶过程中，前后轮的载荷、受力及功能不同，因而汽车轮胎的磨损程度不同。为保持同一台车的轮胎磨损程度均匀，延长轮胎的使用寿命，并使寿命趋于一致，轮胎应定期换位。科鲁兹轿车轮胎每行驶 15000~20000km 应进行换位。轮胎换位根据轮胎的不同特点，采用不同的换位方法。轮胎换位的方式较多，这里只介绍图 3-24 所示的换位方式。

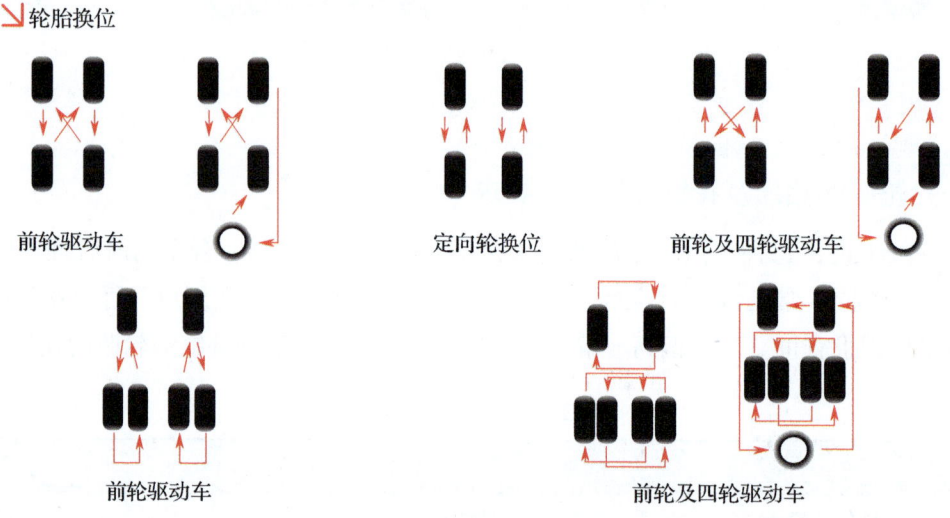

图 3-24　轮胎换位方式

三、课后拓展

1. 分析转向轮异常磨损的原因。

2. 对于轮胎出现胎体漏气的情况，应如何处理？

四、任务实施

作业前的准备	
（1）防护五件套（转向盘套、变速杆套、地板垫、座椅套和驻车制动器操纵杆套）	
（2）实训轿车	
（3）清洁工位，将实训车辆停放在合理位置	
（4）安装五件套	
（5）拉紧驻车制动器或将档位置于P位	

1. 正确规范使用举升机

举升机在使用时，各种不安全因素都会对人员及设备造成伤害，因此正确规范的举升机操作应该由两人同时完成。一人操作，另外一人负责观察举升机周围的安全情况，确保不会出现安全事故。举升机（以双柱式举升机为例）使用的具体操作步骤如下。

1）车辆停放完毕后，安装举升机支撑臂至车身举升点位置，如图3-25所示。

2）确认支撑臂安装到位后举升车辆。此时，一人主要负责操作，另外一人观察车辆四周是否有影响举升安全的物体或人员，两人同时确认安全后再开始举升操作，如图3-26所示。

图3-25 安装举升机支撑臂　　图3-26 确认举升环境

3）将车辆举升少许，再次检查确认支撑臂垫块是否在举升点位置，并确保支撑牢靠，如图3-27所示。

图3-27 再次确认举升机支撑臂安全位置

4）将举升机升至合适高度，在举升过程中不操作举升机的同学观察举升机在举升时有无倾斜情况，如图3-28所示。

5）按下下降手柄，使举升机锁止，确保安全可靠，如图3-29所示。

6）完成车辆的维护操作后，仍然是两人配合将车辆举升少许，然后拉动举升机保险拉索，如图3-30所示。

图3-28　目视检查车辆水平度　　　图3-29　锁止举升机　　　图3-30　释放保险拉索

7）按下下降手柄，使车辆降落至地面。

8）将举升机支撑臂归位。

2. 对轮胎进行检查

1）清洁轮毂，如图3-31所示。

2）检查螺纹孔有无损伤，如图3-32所示。

3）检查轮毂边缘是否变形，如图3-33所示。

图3-31　清洁轮毂

图3-32　检查螺纹孔　　　　图3-33　检查轮毂边缘

4）检查轮胎侧面有无损伤，如图3-34所示。

5）清除轮胎花纹上的夹杂物，如图3-35所示。

图3-34　检查轮胎侧面　　　　图3-35　清理胎面

6）测量轮胎花纹的深度（每个花纹沟测量三点，间隔120°），如图3-36所示。

7）检查轮胎气压及充气。如果气压不足应按标准补足，备胎气压应高于使用中轮胎的气压，如图 3-37 所示。

图 3-36　花纹深度测量

图 3-37　调整气压

8）检查气门嘴是否漏气、气门帽是否齐全，如发现损坏或缺少应立即修理或补齐，如图 3-38 所示。

9）检漏后再次清洁车轮，如图 3-39 所示。

图 3-38　检漏

图 3-39　清洁车轮

10）清洁、整理工具，安装复位轮胎。

实训数据记录				
姓名		班级		
学号		指导教师		
组员				
汽车 VIN 码				
汽车品牌		车型、年份		里程
工具选择				
实训流程、数据记录、结果分析				

实践反思

自评、互评、教师点评表

姓名		班级		学号		指导教师		组别	
评分项目		评分内容				分值	个人评分	小组评分	教师评分
工具、场地准备		场地干净整洁，符合作业要求				5			
工具、场地准备		通用及专用工具准备齐全、正确				5			
专业知识学习		学习态度端正，认真积极				5			
工具、设备选择与使用		检测与维修工具、设备选择正确、合适				5			
工具、设备选择与使用		工具、设备使用正确，操作规范				10			
操作实施		按照要求实施操作				25			
操作实施		操作正确、有序				10			
操作实施		零部件拆装无破损				5			
总结报告		数据记录完整，符合实际情况				5			
总结报告		实训报告客观、务实				5			
团队协作能力		小组成员分工明确				5			
团队协作能力		团队协作，共同完成实训操作				5			
安全		安全操作，未出现人身危险情况				5			
安全		工具、设备使用安全，未损坏				5			
总分						100			

组长： 日期：

任务 4　盘式制动器的维护

一、学习目标

1. 叙述钳盘式制动器制动系统的组成和工作原理
2. 明确制动摩擦片、制动盘的分类及选用
3. 正确地使用工具、量具和设备
4. 与同学密切合作，安全规范地检查和更换制动盘、制动摩擦片

二、学习任务

学习点 01
盘式制动器的组成和分类是什么

按摩擦副中固定元件的结构，盘式制动器可分为钳盘式和全盘式两大类。

钳盘式制动器主要由旋转元件（制动盘）和固定元件（制动钳）组成，如图 3-40 所示。

制动盘是摩擦副中的旋转件，是以端面工作的金属圆盘。制动钳由横跨制动盘两侧的夹钳形支架中的制动摩擦片和促动装置组成。制动摩擦片由工作面积不大的摩擦块和金属背板组成。每个制动器中一般有 2~4 个制动摩擦片。

全盘式制动器的旋转件也是以端面工作的金属圆盘（制动盘），固定元件是呈圆盘形的金属背板和制动摩擦片。工作时，制动盘和制动摩擦片间的摩擦面全接触。

现在，钳盘式制动器越来越多地被轿车和货车用作车轮制动器，全盘式制动器只有少数汽车（主要是重型汽车）采用。以下提到的盘式制动器均指钳盘式制动器。

钳盘式制动器又可分为定钳盘式和浮钳盘式。

微课视频
盘式制动器的分类及其工作原理

微课视频
制动摩擦片的组成、性能及分类

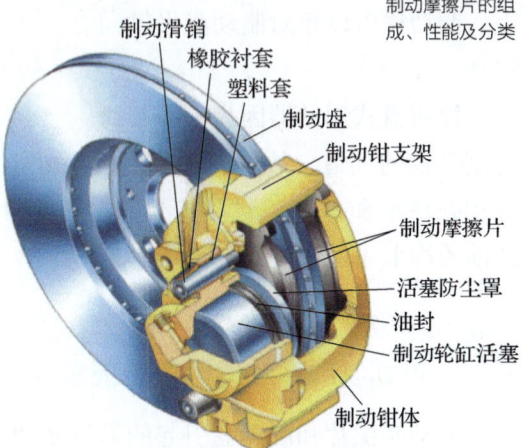
图 3-40　钳盘式制动器示意图

1. 定钳盘式制动器

如图 3-41 所示，定钳盘式制动器的制动钳固定安装在车桥上，既不能旋转，也不能沿制动盘轴线方向移动，在制动盘两侧分别安装有制动摩擦片和制动轮缸，钳体内有制动油道，有的设跨越制动钳体的外部油管。

制动时制动液推动制动轮缸中的活塞移动，使制动摩擦片向制动盘移动，制动盘和制动摩擦片接触，产生制动力。定钳盘式制动器存在以下缺点：第一，需要两个轮缸，使制动钳结构复杂；第二，轮缸分置于制动盘两侧，必须用跨越制动盘的钳内油道或外部油管来连通，使得制动钳的尺寸过大，难以安装在现代化的轿车的轮毂内，且轮缸中的制动液容易汽化，产生气阻现象。由于定钳盘式制动器存在以上缺点，20 世纪 70 年代后，定钳盘式制动器逐渐被浮钳盘式制动器取代。

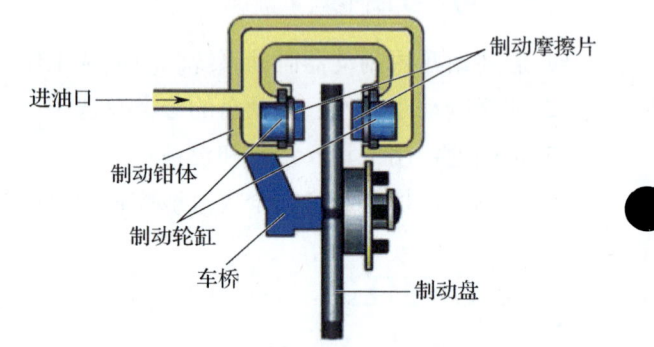

图 3-41 定钳盘式制动器示意图

2. 浮钳盘式制动器

如图 3-42 所示，浮钳盘式制动器的制动轮缸安装在制动钳体内侧，外侧的制动摩擦片附装在钳体上，制动钳可以相对制动盘做轴向移动。

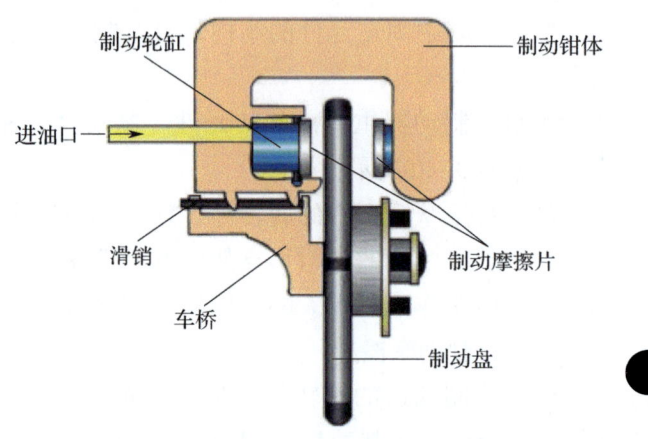

图 3-42 浮钳盘式制动器示意图

浮钳盘式制动器因为不需要跨越制动盘的油道，故轴向和径向的尺寸小，且不易产生气阻现象，因此被越来越多地应用在轿车和一些轻型汽车上，如红旗 H5、奥迪 A4、捷达、桑塔纳、比亚迪等轿车的前轮均采用浮钳盘式制动器。

 学习点 02
盘式制动系统常见故障现象及原因是什么

制动摩擦片和制动盘引起的常见制动故障现象及原因分析见表 3-4。

表 3-4　盘式制动器常见故障现象及原因

零部件名称	故障现象	原因
制动摩擦片	踩下制动踏板，制动力较小，制动距离延长	长距离制动，制动摩擦片表面的摩擦系数下降
	踩下制动踏板，不减速或无明显减速	制动摩擦片因磨损而过薄
	制动时，行驶方向发生偏斜	左右车轮的制动摩擦片新旧不一或差别过大
	抬起制动踏板时，车轮的制动作用不能立即完全解除	制动摩擦片距离制动盘的间隙不当
制动盘	制动过程中，汽车轻微发抖	制动盘圆跳动量过大
	制动时，减速不明显或时间过长	制动盘严重磨损
	制动时，行驶方向发生偏斜	左右车轮的制动盘材料不一

学习点 03
一般轿车制动摩擦片、制动盘的维护里程或时间是怎样规定的

微课视频
盘式制动器的维护及更换

不同的汽车制造厂、不同的车型对于制动摩擦片、制动盘的维护里程或时间的规定是不同的，具体见表 3-5。

表 3-5　常见轿车制动系统维护周期

车型	定期维护里程或时间
爱丽舍	15000km 或 12 个月
捷达	40000km
桑塔纳	40000km

学习点 04
常见车型制动摩擦片、制动盘的更换标准

爱丽舍轿车前制动器更换标准见表 3-6。

表 3-6　爱丽舍轿车前制动器更换标准

前制动器		TU5JP	EW7J4
前制动盘	型式	通风盘式	
	直径 /mm	φ247	φ266
	厚度 /mm	20.4	22
	磨损后允许最小厚度 /mm	18.4	20
前制动钳	供应商	博世	
	活塞直径 /mm	φ48	φ54
制动摩擦片	新片厚度 /mm	13	—
	磨损后允许最小厚度 /mm	2	—

三、课后拓展

1. 通风盘式制动器和普通盘式制动器的区别是什么？各有哪些优点？

2. 在检修制动摩擦片的过程中，发现制动摩擦片磨损异常，能只更换磨损严重的一块吗？为什么？

3. 查阅资料，了解其他车型的制动盘、制动摩擦片的检查与更换有什么不同。

四、任务实施

作业前的准备	
（1）防护五件套（转向盘套、变速杆套、地板垫、座椅套和驻车制动器操纵杆套）	
（2）实训轿车	
（3）清洁工位，将实训车辆停放在合理位置	
（4）安装五件套	
（5）拉紧驻车制动器或将档位置于 P 位	

1. 拆卸前制动片

1）在车辆举升前用 19mm 套筒和扭力扳手或轮胎螺栓专用套筒拆卸车轮固定螺栓（图 3-43）。

2）在确保车辆固定无误的条件下举升车辆，举升至合适高度后停止，举升机保险落锁。

3）拆卸前车轮，如图 3-44 所示。

图 3-43 车轮固定螺栓拆卸

图 3-44 拆卸前车轮

4）用 13mm 梅花扳手拧下制动卡钳滑销螺栓，如图 3-45 所示。

图 3-45　制动卡钳滑销螺栓拆卸

5）用一字螺钉旋具推开制动钳体壳，如图 3-46 所示。

6）向上翻开制动卡钳（制动钳体需用挂钩挂好），拆卸制动摩擦片，如图 3-47 所示。

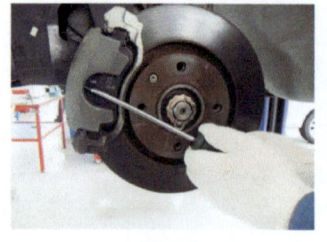

图 3-46　推开制动钳体壳　　　　　　图 3-47　拆卸制动摩擦片

7）用干净的抹布清洁制动摩擦片表面，如图 3-48 所示。

8）检查两片制动摩擦片有无异常磨损，如图 3-49 所示。

9）用游标卡尺分别在两边和中间三个位置测量制动摩擦片的厚度，如果厚度不符合要求，则需更换新件，如图 3-50 所示。

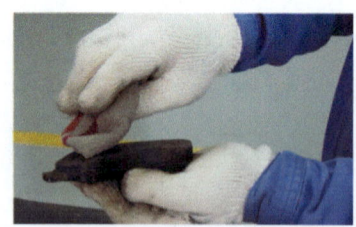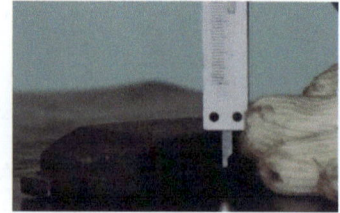

图 3-48　清洁制动摩擦片　　　图 3-49　目视检查　　　图 3-50　制动摩擦片厚度测量

10）检查制动轮缸活塞处（制动钳体需用挂钩挂好）是否漏油，制动油管接头、制动软管接头是否渗漏，如图 3-51 所示。

11）检查制动盘的磨损情况。

> ✅ 提示：制动器装配好之前不能踩制动踏板。

图 3-51 检查制动管路

2. 装复制动片

1)安装新制动摩擦片,如图 3-52 所示。

2)用制动轮缸活塞压缩钳把制动轮缸活塞压进去,如图 3-53 所示。

3)把制动卡钳翻回来,如图 3-54 所示。

4)旋入制动卡钳滑销螺栓(必须涂防松胶),并用 27N·m 的力矩拧紧,如图 3-55 所示。

图 3-52 安装新制动摩擦片

图 3-53 制动轮缸复位   图 3-54 制动卡钳复位   图 3-55 紧固制动卡钳滑销螺栓

5)安装车轮,旋入车轮固定螺栓。

6)车辆降至地面,拧紧车轮固定螺栓,拧紧力矩为 90N·m。

7)起动发动机,连续踩制动踏板多次,使制动摩擦片与制动盘之间恢复间隙。

8)清理工具、量具,收回防护五件套,做好现场清洁。

3. 拆卸制动卡钳

1)拆卸车轮螺栓,举升车辆,拆卸前轮。

2)用 13mm 梅花扳手拧下制动卡钳滑销螺栓后,再用 10mm 内六角套筒和棘轮扳手拧下制动卡钳固定螺栓,如图 3-56 所示。

3)用 14mm 呆扳手松开制动软管接头,并将制动

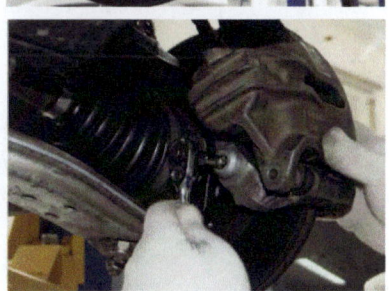

图 3-56 拆卸制动卡钳固定螺栓

软管堵起来（以免漏制动液）。取下制动卡钳，如图3-57所示。

图3-57 取下制动卡钳

4. 拆卸制动盘

1）拆卸车轮螺栓，举升车辆。拆卸车轮、制动摩擦片、制动卡钳。

2）用T30套筒和棘轮扳手拧下制动盘固定螺栓，如图3-58所示。

3）拆下制动盘，如图3-59所示。

4）按与拆卸相反的顺序进行装复。

拧紧力矩：制动盘固定螺栓：10N·m；制动卡钳滑销螺栓：27N·m；制动卡钳固定螺栓：105N·m；车轮螺栓：90N·m。

5）操作完成后，清理工具、量具，收回防护五件套，清洁现场。

5. 检查制动盘工作状况

拆卸车轮固定螺栓，举升车辆，拆卸车轮，翻开制动钳体，拆卸制动摩擦片等操作见前面相关引导问题。

1）检查制动盘厚度。使用0~25mm的外径千分尺，在离制动盘边缘10mm处，每间隔120°测量制动盘的厚度，取三个数据中最小值，如果制动盘厚度不符合要求，则需更换制动盘，如图3-60所示。

2）在工作台上组装磁性表座，如图3-61所示。

3）将磁性表座固定在减振器上，如图3-62所示。

图3-58 制动盘固定螺栓拆卸

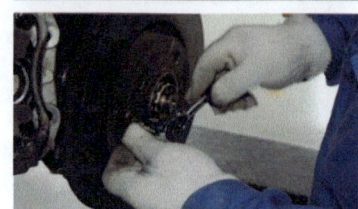

图3-59 拆下制动盘

 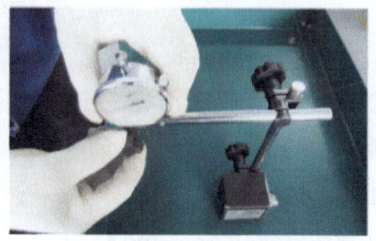 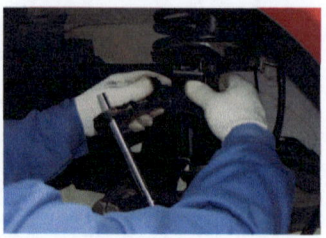

图3-60 制动盘厚度测量　　图3-61 组装磁性表座　　图3-62 固定磁性表座

4）安装百分表，表头应距离制动盘边缘 10mm，且百分表表头与制动盘垂直，如图 3-63 所示。

5）匀速转动制动盘，记下制动盘的最大圆跳动量。超出规定范围需更换新件，如图 3-64 所示。

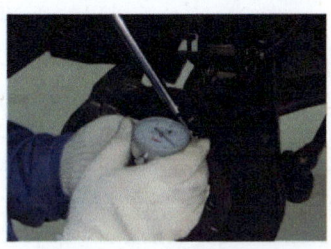 

图 3-63　安装百分表　　　图 3-64　测量制动盘圆跳动量

6）按照与拆卸相反的顺序进行装复。

7）操作完毕后清理工具、量具，收回防护五件套，清洁现场。

实训数据记录				
姓名		班级		
学号		指导教师		
组员				
汽车 VIN 码				
汽车品牌		车型、年份		里程
工具选择				
实训流程、数据记录、结果分析				

实践反思

自评、互评、教师点评表

姓名		班级		学号		指导教师		组别	
评分项目		评分内容				分值	个人评分	小组评分	教师评分
工具、场地准备		场地干净整洁,符合作业要求				5			
工具、场地准备		通用及专用工具准备齐全、正确				5			
专业知识学习		学习态度端正,认真积极				5			
工具、设备选择与使用		检测与维修工具、设备选择正确、合适				5			
工具、设备选择与使用		工具、设备使用正确,操作规范				10			
操作实施		按照要求实施操作				25			
操作实施		操作正确、有序				10			
操作实施		零部件拆装无破损				5			
总结报告		数据记录完整,符合实际情况				5			
总结报告		实训报告客观、务实				5			
团队协作能力		小组成员分工明确				5			
团队协作能力		团队协作,共同完成实训操作				5			
安全		安全操作,未出现人身危险情况				5			
安全		工具、设备使用安全,未损坏				5			
总分						100			

组长:　　　　　　　　　　　　　　日期:

项目3　汽车通用保养

任务 5　节气门及喷油器的维护

一、学习目标

1. 知道节气门体的基本构造
2. 知道喷油器的基本构造
3. 了解清洗节气门体的基本流程
4. 了解清洗喷油器的基本流程

二、学习任务

学习点 01
节气门的作用是什么

节气门的作用是通过改变节气门开度的大小改变进气通道截面积的大小，以此来控制发动机的工况，并通过节气门位置传感器检测发动机的负荷。

微课视频
节气门的作用及
其工作原理

学习点 02
节气门的分类及工作原理

1. 电子节气门体（Electronic throttle body）（图 3-65）

工作原理：电子节气门是电子节气门控制系统的一个关键部件，它一方面执行来自发动机 ECU 的指令，通过调节节气门开度来控制发动机的进气量，从而实现控制发动机的负荷输出；另一方面可以输出反映节气门开度位置的信号，供发动机控制

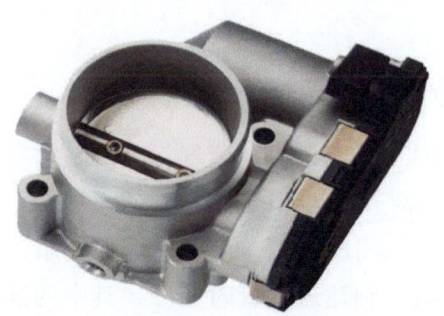

图 3-65　电子节气门体

系统监控节气门工作状况。电子节气门由节气门体、电动机和节气门位置传感器等构成。来自发动机 ECU 的指令使电动机动作，通过传动机构使节气门板转动，保证发动机工作所需的节气门开度。节气门位置传感器由两个电位器组成，节气门开度变化时，电阻值发生变化，输出的电压信号随之变化，与电子加速踏板位置传感器信号一起，输入到发动机 ECU，经计算后，输出电动机控制信号，从而控制发动机节气门开度。电子节气门同发动机控制系统一起，配合工作，可以实现发动机怠速控制、车辆巡航控制、跛行回家控制、自动变速器控制、车身电子稳定控制（ESP）等功能。

2. 机械节气门体（Mechanical throttle body）（图 3-66）

工作原理：与电子节气门体的功能相同，但它的开度不是由 ECU 信号控制的，而是由从加速踏板连接过来的拉索控制的，也就是说，加速踏板的位置直接与节气门上的门板转轴相关。转轴的位置通过装配在节气门体上的位置传感器传输到 ECU，ECU 根据转轴位置的进气量来配比燃油供应量，达到最佳的经济性、动力性和排放。与电子节气门体相比，机械节气门体的控制精度低，无法实现车辆巡航控制、自动变速器控制、车身电子稳定控制（ESP）等功能，对于怠速控制也只能辅之以步进电动机。但它具有成本低的优势，因此在排放标准要求不高的条件下，还是具有较大的市场需求。

图 3-66　机械节气门体

学习点 03　节气门积炭是如何产生的

节气门积炭形成的原因主要来自机油蒸气，其次是空气中的微粒和水分，还有曲轴箱通风管中的废气也会加剧节气门体的积炭。

曲轴箱通风管连接到节气门的原因一方面是环保要求，另一方面是靠进气的负压从曲轴箱抽出气体。含油蒸气到达进气管时变冷，其中的油会凝结在进气道和节气门上，蒸气中夹杂的积炭也会沉积在这些部位。这是因为节气门开启的缝隙空气流量最大，空间小，气体温度也低，所以这部分容易凝结蒸气。如果使用的环境空气比较脏或者行驶路况比较拥堵，导致发动机总是怠速或低速运转，流过节气门的空气流速太低，就会较早污染节气门。当出现了怠速不稳定或起动困难时，就要考虑检查并清洗节气门。

节气门多长时间会脏取决于空气滤清器质量，使用机油的品牌、质量，行驶路段状况，空气温度状况，发动机工作温度，驾驶习惯等多方面因素。即使就个体而言，也不是能用固定千米数来确定清洗节气门时间的。新车第一次清洗节气门间隔最长，以后由于曲轴箱通风管和进气道中油气的不断凝结，清洗频度应该增加，而且不同天候也会影响节气门脏污的速度。

学习点 04
发动机积炭的症状

1）冷车多次点火不易起动，热车正常。
2）发动机怠速不稳，忽高忽低。
3）加空油时，感觉加速不畅，有发闷的现象。
4）行驶无力，尤其表现在超车时，提速反应慢，无法达到原车动力。
5）尾气很刺眼、刺鼻，严重超标。
6）油耗比以往增加。

学习点 05
积炭对发动机的危害有哪些

1）当积炭黏附在进/排气门上时，进/排气门会关闭不严以至漏气，发动机气缸内压力下降，导致发动机起动困难，怠速工况下出现抖动；同时会影响进气门开启时，混合气进入燃烧室的断面；积炭还能吸附一定的混合气，从而降低发动机功率。

微课视频
发动机积炭的形成与危害

2）当积炭黏附在气缸、活塞顶时，就会减少燃烧室容积（空间）、提高气缸压缩比，当压缩比过高时，就会造成发动机早燃（发动机爆燃），降低发动力功率，甚至损坏发动机。
3）当积炭黏附在火花塞上时，将影响火花质量，甚至导致火花塞不跳火。
4）当积炭在活塞环间形成时，容易导致活塞环卡死，造成烧机油并拉伤缸壁。
5）当积炭黏附在氧传感器上时，氧传感器不能正确感知废气状况，无法正确调整空燃比，从而使发动机尾气超标。
6）当积炭在进气歧管内部形成时，进气歧管内壁变得较粗糙，影响可燃混合气的形成和浓度控制。

学习点 06
发动机积炭的预防措施

1. 加注高质量的汽油

汽油中的蜡和胶质等不纯物是形成积炭的主要成分，所以清洁度高的汽油形成积炭的趋势就弱一些。汽油高标号并不等于高质量，97号的汽油并不一定就比93号的汽油杂质少，标号只代表油的辛烷值，并不能代表汽油的品质和清洁程度。

微课视频
发动机积炭的清除与预防措施

为了保证汽油的清洁度，可以采用在汽油里添加汽油清洁剂的做法。这样可有效地防止在金属表面形成积炭结层，并能逐渐活化原有的积炭颗粒，使之慢慢去除，从而保护发动机免受伤害。不过汽油清洁剂的添加一定要慎重，如果加入了伪劣产品反而会得到相反的效果。

2. 不要长时间怠速行驶

怠速时间长，发动机达到正常温度的时间也就变长，汽油被喷到气门背面后蒸发的速度就慢，积炭也由此而生。此外，经常怠速行驶，进入发动机的空气流量也就小，这样对积炭的冲刷作用变得很弱，也会促进积炭的沉积。

3. 多跑高速，尽量提高手动变速汽车的换档转速

多跑高速的目的就是要利用气流对进气道的冲刷作用来预防积炭产生。另外，提高换档的转速也与多跑高速有着异曲同工之妙，把原来在转速2000r/min时换档变成2500r/min时换档，不但可以有效预防积炭生成，还可以提高汽车的动力，也避免了换档转速过低带来的爆燃，保护发动机。

由于受城市的路况、人们的生活节奏以及我国燃油市场条件等因素的影响，以上避免积炭产生的方法有可能不太容易实现。那么建议有车族在常规保养都满足的条件下，每行驶2万~4万千米时做一下进气系统的免拆清洗，也就是在发动机不解体的前提下用专用设备、专用方法对车辆的进气道、气门、油路等容易形成积炭的部位进行清积炭的操作。这样能有效减少积炭对发动机的影响，使汽车的发动机保持在最佳的状态。

学习点 07
喷油器的作用及分类是怎样的

喷油器根据ECU的指令将定量的燃油由液态变成雾状喷到发动机的进气管，然后与空气混合。发动机在进气行程的时候，将汽油和空气的混合物吸入气缸进行燃烧。按喷油口的结构不同，可分为孔式和轴针式；按喷油器的驱动方式不同，可分为电流驱动和电压驱动；按

微课视频
喷油器分类及常见故障

喷油器阻值不同，有低阻型和高阻型。

多点燃油喷射系统的喷油器一般采用上部进油式，即进油口设在喷油器的头部，如图3-67所示。

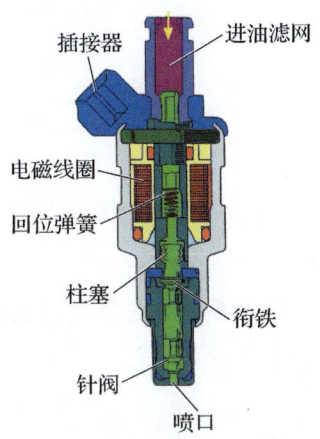

图3-67 喷油器结构示意图

电磁线圈电流导通，铁心被吸，柱塞和针阀被吸到与衔铁接触为止，阀门开启，燃料通过缝隙喷出。

喷射量取决于针阀的行程、喷口面积、燃料喷射压力和电磁线圈的通电时间。

> **注意**：当喷油器的结构和喷油压力一定时，喷油量取决于电磁线圈的通电时间。

各车型装用的喷油器，按其线圈的电阻值可分为高阻（电阻值为13~16Ω）和低阻（电阻值为2~3Ω）两种类型。高阻喷油器常采用电压驱动方式，低阻喷油器电压、电流驱动方式都可采用，如图3-68所示。

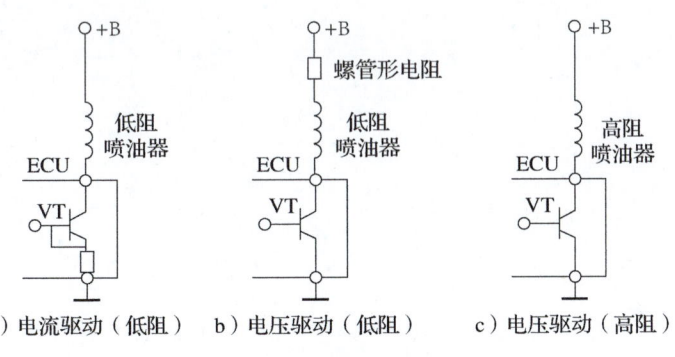

图3-68 喷油器驱动方式

三、课后拓展

1. 查阅资料,说明吉利轿车、速腾轿车节气门的清洗方法。

2. 除本课题介绍的方法外,还有哪些清洗节气门及喷油器的方法?

四、任务实施

作业前的准备	
（1）防护五件套（转向盘套、变速杆套、地板垫、座椅套和驻车制动器操纵杆套）	
（2）实训轿车	
（3）清洁工位，将实训车辆停放在合理位置	
（4）安装五件套	
（5）拉紧驻车制动器或将档位置于 P 位	

1. 节气门清洗具体步骤

1）关闭点火开关并将车钥匙拔出，等待 3min，拆下蓄电池负极，让发动机自然冷却 10min，再进行拆装作业。

2）拆卸节气门进气软管，如图 3-69 所示。

a）拆卸进气软管卡箍　　　b）拆卸节气门侧卡箍　　　c）取出进气软管

图 3-69　拆卸节气门进气软管

3）拔下节气门线束插头，如图3-70所示。

4）拆卸节气门体，如图3-71所示。

 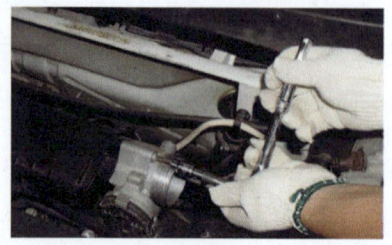

图3-70 拔下节气门线束插头　　　图3-71 拆卸节气门体

5）取下节气门体，进行清洗，如图3-72所示。

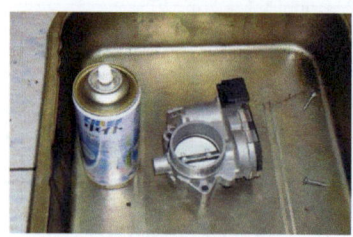 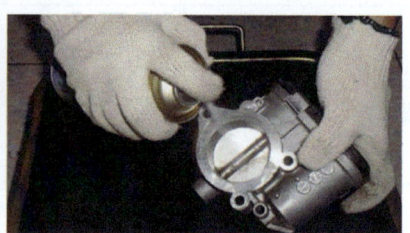

a）清洗节气门外部　　　b）清洗节气门翻板

图3-72 清洗节气门

6）将干净的节气门按照与拆卸相反的顺序进行安装，如图3-73所示。

图3-73 安装节气门

2. 喷油器清洗步骤

1）燃油系统卸压。

①起动发动机，维持怠速运转。

②在发动机运转时，拔下油泵继电器或电动燃油泵电源接线，使发动机熄火。

③再使发动机起动2~3次，就可完全释放燃油系统压力。

④关闭点火开关，装上油泵继电器或电动燃油泵电源接线。

2）关闭点火开关3min后，断开蓄电池负极端电缆。

3）拆卸气缸盖罩。

4）拆卸发动机线束。

①拆下2根搭铁线，如图3-74所示。

②断开4个喷油器总成插接器，如图3-75所示。

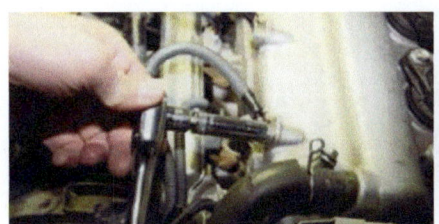 

a）拆卸发动机搭铁线 1　　　　　　b）拆卸发动机搭铁线 2

图 3-74　拆卸发动机搭铁线

 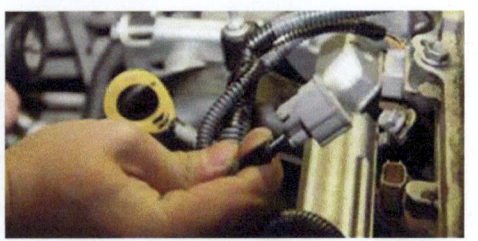

a）断开喷油器线束 1　　　　　　b）断开喷油器线束 2

图 3-75　断开喷油器总成插接器

③拆下线束支架，如图 3-76 所示。

a）拆下线束支架 1　　　　　　b）拆下线束支架 2

图 3-76　拆卸线束支架

5）拆卸燃油管总成。

①拆卸燃油管卡箍，旋下燃油管接头，如图 3-77 所示。

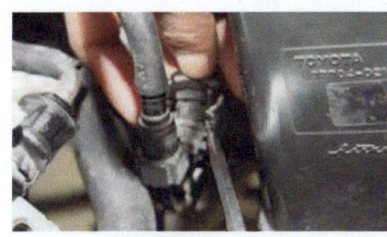 

a）拆卸燃油管卡箍　　　　　　b）旋下燃油管接头

图 3-77　拆卸燃油管总成

②拆下燃油管 2 根固定螺栓，如图 3-78 所示。

图 3-78　拆卸燃油管固定螺栓

③拆卸油轨和燃油管总成，如图 3-79 所示。

 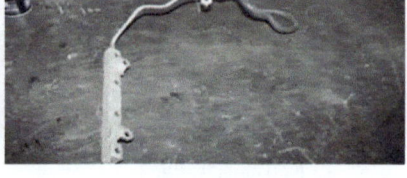

a）拆卸油轨　　　　　　　　　　b）拆卸燃油管总成

图 3-79　拆卸油轨和燃油管总成

6）拆卸喷油器总成。

①从燃油管总成中拉出 4 个喷油器总成，如图 3-80 所示。

②在喷油器上按气缸顺序贴上标签，如图 3-81 所示。

 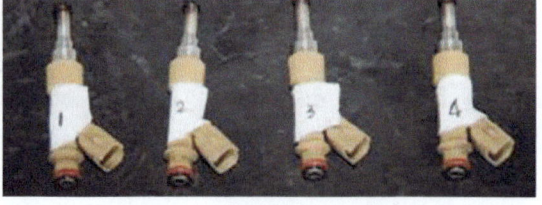

图 3-80　取下喷油器　　　　　　　图 3-81　喷油器上贴上标签

③用塑料袋将喷油器包起来，以防异物进入，如图 3-82 所示。

④拆下 4 个喷油器减振垫，如图 3-83 所示。

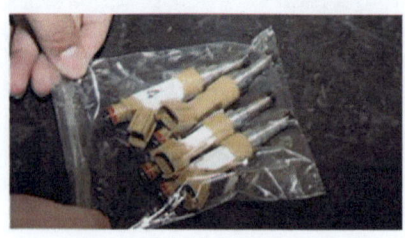 

图 3-82　喷油器防尘包装　　　　　图 3-83　取下喷油器减振垫

7）清洗喷油器。

①使用专用供电插头连接喷油器

②采用点触的方式，让喷油器周期性通电，在通电的同时使用专用清洗剂进行内部冲洗，清洗次数以 5~10 次为佳。

③使用专用清洗剂进行外部冲洗。

8）安装喷油器。将喷油器按照与拆卸相反的顺序进行安装，在安装过程中应当注意以下几点：

①将油轨与燃油管连接后，检查是否漏油。

②整个安装流程结束后，起动发动机，检查是否有漏油现象。

9）清理场地，还原设备。

实训数据记录				
姓名		班级		
学号		指导教师		
组员				
汽车 VIN 码				
汽车品牌		车型、年份		里程
工具选择				
实训流程、数据记录、结果分析				

实践反思

自评、互评、教师点评表

姓名		班级		学号		指导教师			组别	
评分项目			评分内容				分值	个人评分	小组评分	教师评分
工具、场地准备			场地干净整洁，符合作业要求				5			
			通用及专用工具准备齐全、正确				5			
专业知识学习			学习态度端正，认真积极				5			
工具、设备选择与使用			检测与维修工具、设备选择正确、合适				5			
			工具、设备使用正确，操作规范				10			
操作实施			按照要求实施操作				25			
			操作正确、有序				10			
			零部件拆装无破损				5			
总结报告			数据记录完整，符合实际情况				5			
			实训报告客观、务实				5			
团队协作能力			小组成员分工明确				5			
			团队协作，共同完成实训操作				5			
安全			安全操作，未出现人身危险情况				5			
			工具、设备使用安全，未损坏				5			
总分							100			

组长： 日期：

任务 6　火花塞的维护

一、学习目标

1. 掌握火花塞的工作原理
2. 正确规范地对火花塞进行维护及更换

二、学习任务

学习点 01　火花塞的作用及结构是怎样的

火花塞的功用是将上万伏的高压电引入燃烧室,并产生电火花点燃混合气,与点火系统和供油系统配合使发动机做功。火花塞在很大程度上决定着发动机的性能。火花塞的主要零件是绝缘体、壳体、接线螺杆和电极,如图 3-84 所示。绝缘体必须具有良好的绝缘性和导热性、较高的机械强度,能耐受高温热冲击和化学腐蚀,材料通常是氧化铝陶瓷。壳体是钢制件,功能是将火花塞固定在气缸盖上。壳体六角螺纹的尺寸已纳入 ISO 国际标准。火花塞电极包括中心电极和侧电极,两者之间为火花塞间隙。间隙的大小直接影响着发动机的起动、功率、工作稳定性和经济性。合理的间隙与点火电压有关。电极材料必须具有良好的抗电蚀(火花烧蚀)和抗腐蚀(化学-热腐蚀)

微课视频
火花塞的基础知识

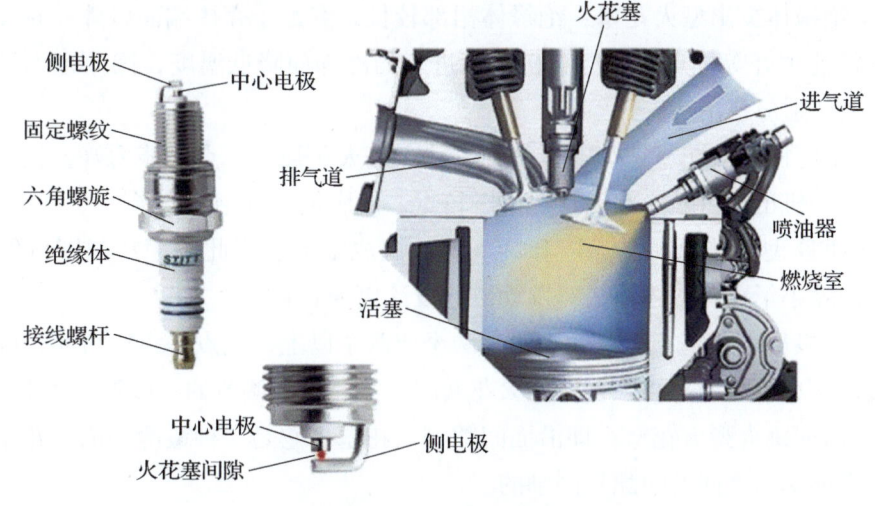

图 3-84　火花塞结构

能力，并应具有良好的导热性。中心电极与接线螺杆之间是导体玻璃密封剂，既要能够导电，也要能承受混合气燃烧的高压，同时保证其密封性。

学习点 02
火花塞的工作原理是怎样的

火花塞的电极经由反复持续地电火花点火，点燃气缸内的混合气，此时，点火系统的其他部分则产生正时的高压电脉冲，形成火花并产生燃烧以提供发动机动力输出所需的能源。火花塞的构造是以一根细长的金属电极穿过一个陶瓷材质的绝缘体，绝缘体的下部周围有一个金属材质的壳，以螺纹方式旋紧在气缸盖上，在这个金属壳的底部再加焊一根电极与汽车车体形成接地作用。此外，在此电极中央的末端，必须再以一个微小的放电间隙分隔开来。从分电器来的高压电流会经过这个中央电极导电，然后在底端的放电间隙放电，这时火花塞发挥功用产生火花点燃混合气，发动机就得到能源并输出功率。由此可见，火花塞是将进入发动机气缸的汽油和空气混合气体点燃的装置，工作于高温、高压的恶劣条件下，是汽油发动机的易损件之一，它在发动机的运转中扮演着相当重要的角色，与汽车是否省油、运转是否平稳都有很大关系。

学习点 03
火花塞的主要类型有哪些

火花塞按照热值高低来分，有冷型和热型火花塞；按照电极材料来分，有镍合金、银合金和铂合金火花塞等。如果进行更专业的划分，火花塞的类型大体上有以下几种。

1）标准型火花塞：其绝缘体裙部略缩入壳体端面，侧电极在壳体端面以外，是应用最广泛的一种火花塞。

2）绝缘体突出型火花塞：绝缘体裙部较长，突出于壳体端面以外。它具有吸热量大、抗污能力好等优点，且能直接受到进气的冷却而降低温度，因而也不易引起炽热点火，故热适应范围宽。

3）细电极型火花塞：其电极很细，特点是火花强烈，点火能力好，在严寒季节也能保证发动机迅速可靠地起动，热范围较宽，能满足多种用途要求。

4）锥座型火花塞：其壳体和旋入螺纹制成锥形，因此不用垫圈即可保持良好密封，从而缩小了火花塞体积，对发动机的设计更为有利。

5）多极型火花塞：侧电极一般为两个或两个以上，优点是点火可靠，间隙不需经常调整，故在电极容易烧蚀，以及火花塞间隙不能经常调节的一些汽油机上常常采用。

6）沿面跳火型火花塞：即沿面间隙型火花塞，它是一种最冷型的火花塞，其中心电极与壳体端面之间的间隙是同轴的。

此外，为了抑制汽车点火系统对无线电的干扰，又生产了电阻型和屏蔽型火花塞。电阻型火花塞是在火花塞内装有 5~10Ω 的陶瓷电阻器。屏蔽型火花塞是利用金属壳体把整个火花塞屏蔽密封起来。屏蔽型火花塞不仅可以防止无线电干扰，还可用于防水、防爆的场合。

学习点 04
如何对火花塞进行简单的检查维护

火花塞的技术状况可采取下述方法检查。

1. 就车检查法

1）触摸法：起动发动机，使其怠速运转，用手触摸火花塞绝缘陶瓷部位，如温度上升得很高很快，表明火花塞正常，反之为不正常。

微课视频
火花塞的检查与更换

2）短路法：起动发动机，使其怠速运转，然后用螺钉旋具逐缸对火花塞短路，听发动机转速和响声变化，若转速和响声变化明显，表明火花塞正常，反之为不正常。

3）跳火法：旋下火花塞，放在气缸体上，用高压线试火，若无火花或火花较弱，表明火花塞漏电或不工作。

2. 观色法

拆下火花塞观察，如为赤褐色或铁锈色，表明火花塞正常；如为渍油状，表明火花塞间隙失调或供油过多，高压线短路或断路；如为烟熏的黑色，表明火花塞冷热型选错或混合气过浓，机油上窜；如顶端与电极间有沉积物，当为油性沉积物时，说明气缸窜机油与火花塞无关，当为黑色沉积物时，说明火花塞积炭而旁路，当为灰色沉积物时，则是汽油中的添加剂覆盖电极导致缺火；若严重烧蚀，如顶端起疤、有黑色花纹、破裂、电极熔化，表明火花塞损坏。

学习点 05
如何判断何时更换火花塞

在平时的检修过程中，应注意火花塞的工作状况，如出现下列情况时，应进行维修或更换。

当火花塞上附着有乌黑的积炭时，用细金属丝等刮附着物，如果容易刮掉，则说明附着物为混合气燃烧时产生的积炭，因此清洗后，火花塞的性能就会恢复。此故障的原因是混合气过浓或机油窜至气缸内。若并非上述原因导致的故障，但火花塞仍有被熏黑的现象，则说明车辆使用条件和火花塞热值不当，应立即更换为合适热值的火花塞。

火花塞呈乌黑而潮湿的状态。出现潮气的原因可能是：阻风门使用频率过高，造成过多地吸入了过浓的混合气；因空气滤清器滤芯堵塞而吸入了过浓的混合气；火花塞的热值过高。若故障原因是过量吸入过浓混合气，则使火花塞干燥，其性能就可恢复。

绝缘体烧成雪白或局部与电极一起烧化，说明电极部位过热，故障原因是冷却系统不正常、混合气过稀。若并非上述原因导致的故障，但仍出现过热现象时，则说明行驶条件和火花塞热值不当，应立即更换为高热值的火花塞。

用塞规检查火花塞的中心电极与接地电极间的间隙，偏离规定值时，应进行调整。

火花塞漏气大都是绝缘体与壳体密封不良引起的。绝缘体与壳体之间漏气时，通常在绝缘体外表面沿漏气方向出现黑色条纹。火花塞漏气不仅影响气缸的密封性，还容易引起火花塞过热，而且还会沿漏气部位产生积炭，降低绝缘体的绝缘性能。火花塞漏气时，应及时更换。

学习点 06
更换火花塞有哪些注意事项

火花塞是汽车日常消耗品，然而对于这么常见的零件大部分车主却鲜有关心。作为汽车发动机的核心，火花塞性能的好坏几乎能直接决定一部车性能的好坏，所以应该经常检查爱车的火花塞。

微课视频
更换和拆装火花塞的注意事项

1. 如何判断火花塞寿命

火花塞是发动机正常工作必不可少的部件，在混合气被吸入到气缸里压缩后，必须经过火花塞的点燃才能完成做功，所以在一定程度上火花塞的性能表现会直接影响混合气体的点燃爆发。不过在这个点燃过程中，火花塞的电极也是会发生消耗的。根据电极材质的熔点、硬度等因素，电极会逐渐消耗。当电极的间隙过大时，车辆就会出现动力下降、冷起动困难、油耗加大等问题，这时最好考虑更换火花塞。一般来说，普通家用轿车火花塞的正常使用寿命都在2万km左右。此外，一些制造厂为了延长火花塞的耐用性，会在电极中使用铂、铱等贵金属材质，不仅可以提高寿命，还可以增加点火能量。

2. 是否需要升级火花塞

一般来说，原厂的火花塞都是经过厂方严格测试的，完全能满足日常驾驶的需求，而且已经在经济性和动力性之间达成最佳的平衡。不过，原厂的火花塞往往受到成本控制的限制，一般不会选用性能更出色的火花塞，所以对于一些追求极致性能的车主来说也可以考虑适当升级火花塞。升级时应该遵循以下几个原则。

1）火花塞的型号要与发动机类型相匹配。

2）热值是选用火花塞时的重要参考指标。原厂火花塞的热值一般已经综合考量了各种路况，但一些改装发烧友喜欢升级成高热值的火花塞。需要说明的是，高热值火花塞虽然更适合高转速运转的发动机，但如果是在长期堵车的路况下使用反而会产生过多积炭，所以还要根据用途选用热值适中的火花塞。

3）对于还没出质保期的新车来说，如果私自更换火花塞，有些厂家会拒绝提供保修服务。

3. 如何自己更换火花塞

虽然火花塞的地位非常重要，不过拆卸起来也十分简单。一般来说，大部分车的火花塞就暴露在发动机外面（一些高档车除外），只要将发动机的护板打开，再将与其连接的高压线拔出来后，火花塞就暴露出来了。不过想自行拆卸火花塞还是需要一些常识的：拆卸火花塞要用专业的六角套筒扳手，而且拆卸安装的全过程一定不能让外界的油污进到气缸内，然后要遵守垂直拆装火花塞的原则，再将火花塞拧紧。

其实自己动手更换火花塞的另一个好处就是能及早发现爱车故障。比如自己在拆下火花塞后，还可以顺便看一下火花塞的颜色。如果电极附近布满了黑色的积炭，则说明这段时间爱车的燃烧不够好，混合气过浓、烧机油都有可能是罪魁祸首；而当发现电极附近呈红褐色时，则证明最近使用的汽油不合格，需要注意燃油品质，以避免造成更大的损失。

学习点 07
拆装火花塞的操作中应注意些什么

1）拔下高压线插头时应轻柔，操作时不可用力摇晃火花塞绝缘体，否则会破坏火花塞密封性能。

2）发动机冷却后方可拆卸，当旋松所要拆卸的火花塞后，用一根细软管逐一吹净火花塞周围的污物，以防火花塞旋出后污物落入燃烧室内。

3）螺纹周围、火花塞电极和密封垫必须保持清洁、干燥、无油污，否则会引发漏电、漏气、火花减弱等故障。

4）安装时，先用套筒将火花塞对准螺孔，用手轻轻拧入，拧到约螺纹全长的1/2后，再用加力杠杆紧固。若拧动时手感不畅，应退出检查是否对正螺口或螺纹中有无夹带杂质，切不可盲目加力紧固，以免损伤螺孔，殃及缸盖，特别是铝合金缸盖。

5）应按要求力矩拧紧火花塞，过松会造成漏气，过紧会使密封垫失去弹性，同样会造成漏气。锥座型火花塞由于不用密封垫，遵守拧紧力矩尤为重要。

三、课后拓展

1. 查阅资料，说明火花塞是否可以单独更换一个。

2. 除了本章节介绍的方法外，你还知晓哪些火花塞维护的内容？

四、任务实施

作业前的准备	
（1）防护五件套（转向盘套、变速杆套、地板垫、座椅套和驻车制动器操纵杆套）	
（2）实训轿车	
（3）清洁工位，将实训车辆停放在合理位置	
（4）安装五件套	
（5）拉紧驻车制动器或将档位置于P位	

火花塞维护保养流程：

1）拔下汽车点火钥匙，确保安全。

2）松开蓄电池负极接线柱，并将其拔下，如图3-85所示。

3）用手直接拆下发动机点火线圈盖板，如图3-86所示。拆卸时注意用力不要过猛，以免将盖板卡头折断。

4）拔下点火线圈线束插头，如图3-87所示。

图3-85　断开蓄电池负极

图3-86　拆下点火线圈盖板

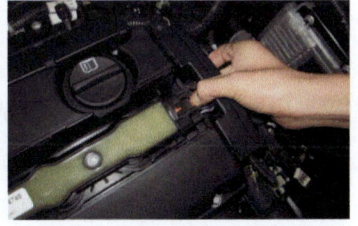

图3-87　拔下点火线圈线束插头

5）用棘轮扳手拧松点火线圈固定螺栓，如图3-88所示。

6）双手分别拿住点火线圈的两端，轻轻摇晃将点火线圈拿出，并放在工具车上，如图3-89所示。拆卸时切忌用力过猛。将点火线圈拿出前，一定要检查线圈周围有无杂物，并及时清洁。在拆卸火花塞时，如果不慎将杂物掉落到气缸内，肯定会对发动机造成极严重的危害。

图3-88　拧松点火线圈螺栓　　　　图3-89　取下点火线圈

7）用火花塞套筒配合棘轮扳手及长接杆，将火花塞依次拧出，如图3-90所示。

a）拧松火花塞　　　　　　　　b）取出火花塞

图3-90　拆卸火花塞

8）用抹布将火花塞安装孔盖住，防止杂物落入，如图3-91所示。

9）检查火花塞，必要时更换，如图3-92所示。

图3-91　盖住火花塞安装孔　　　　图3-92　检查火花塞

10）将维护后的火花塞或新火花塞安装到火花塞孔内。

11）安装点火线圈，并确保安装正确。

12）连接点火线圈线束，安装点火线圈盖板。

13）安装蓄电池负极。

14）起动发动机，观察各缸工作是否正常，通过单缸或多缸的断火，观察发动机是否会抖动异常，并且运转不稳定。

15）操作完毕后，整理设备和工具，并清洁场地。

项目 3　汽车通用保养

实训数据记录			
姓名		班级	
学号		指导教师	
组员			
汽车 VIN 码			
汽车品牌		车型、年份		里程	
工具选择	
实训流程、数据记录、结果分析	

实践反思

自评、互评、教师点评表

姓名		班级		学号		指导教师		组别	
评分项目		评分内容				分值	个人评分	小组评分	教师评分
工具、场地准备		场地干净整洁，符合作业要求				5			
		通用及专用工具准备齐全、正确				5			
专业知识学习		学习态度端正，认真积极				5			
工具、设备选择与使用		检测与维修工具、设备选择正确、合适				5			
		工具、设备使用正确，操作规范				10			
操作实施		按照要求实施操作				25			
		操作正确、有序				10			
		零部件拆装无破损				5			
总结报告		数据记录完整，符合实际情况				5			
		实训报告客观、务实				5			
团队协作能力		小组成员分工明确				5			
		团队协作，共同完成实训操作				5			
安全		安全操作，未出现人身危险情况				5			
		工具、设备使用安全，未损坏				5			
总分						100			

组长： 日期：

任务 7　发动机机油及机油滤清器更换

一、学习目标

1. 掌握发动机机油的选择方法
2. 能正确检查机油的液位
3. 掌握机油滤清器的更换工艺
4. 能正确更换机油滤清器

二、学习任务

学习点 01
发动机机油的作用是什么

发动机机油的主要作用是润滑曲轴、连杆等摩擦部位，除此之外，发动机机油还应具有冷却、密封、清洗和防锈、抗腐蚀的作用。

微课视频
发动机润滑系统与机油

1. 润滑作用

发动机工作时，许多部件处于高速运转中，并承受着高速的摩擦。如果这些摩擦零件得不到适当的润滑，在高温、高速和高压下，金属表面之间就会产生干摩擦。金属表面间的干摩擦不但会增加能量消耗，而且摩擦产生的大量热会在短时间内使摩擦表面的金属发生磨损、熔化甚至烧结，最终导致运动部件卡死。

发动机机油进入零件摩擦表面后，形成一层油膜，当零件产生相对运动时，黏在它们表面的油膜随之移动，从而防止金属表面直接接触引起干摩擦。

2. 冷却作用

发动机内燃料燃烧产生的热量大约有 30% 转化为机械能，其余的热量，一部分被零件磨损消耗，另一部分则随废气排出和使机体发热。发动机热量的 60% 由冷却液带走，剩余的热量靠机油来传递。发动机工作时，机油不断地流动，从零件表面上吸取热量并将热量带走。

3. 密封作用

发动机各零件之间具有一定的间隙，有些间隙对发动机正常工作影响很大，如气缸、活塞和活塞环之间的间隙。这些间隙的存在会造成漏气，因此机油必须在这些间隙中形成油膜，以起到一定的密封作用。

4. 清洗作用

发动机工作时，燃烧产生的积炭、机油高温氧化形成的胶质、相互运动的零件摩擦产生的金属杂质、空气中的灰尘等将在发动机零部件上形成沉积物，这些沉积物如不及时清除将加剧零部件的磨损，影响发动机正常运转。发动机机油的循环流动，可以将油泥和杂质带走，经过机油滤清器过滤，使干净的机油不断洗涤摩擦表面，保证发动机的正常工作。

5. 防锈、抗腐蚀作用

发动机机油还具有防锈作用，它能吸附在金属表面，防止水和酸性气体对金属的腐蚀。

学习点 02
发动机润滑系统的组成

发动机润滑系统由机油泵、机油滤清器、机油冷却器、集滤器和机油油道等组成，如图 3-93 所示。为使驾驶员能随时掌握润滑系统的工作状况，有些发动机还设有指示机油压力的机油压力表或其他机油压力警告装置，有的还备有机油温度表。

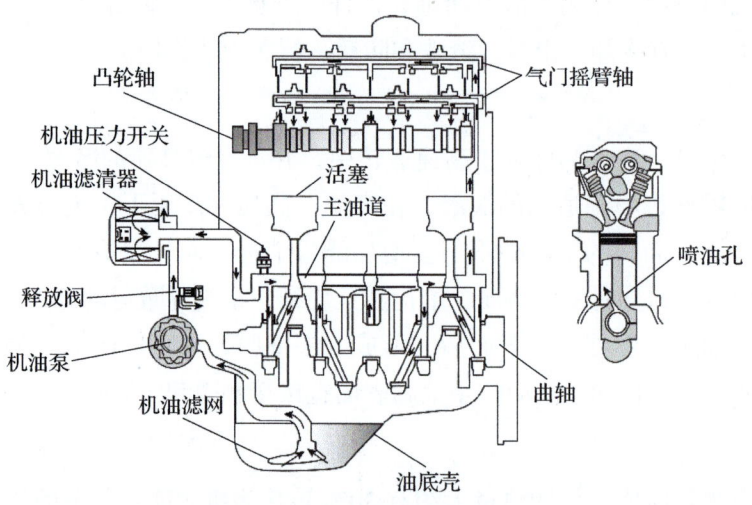

图 3-93　发动机润滑系统的构成

学习点 03
机油滤清器在发动机中起什么作用

发动机工作过程中，金属磨屑、尘土、高温下被氧化的积炭和胶状沉淀物、水等不断混入机油。机油滤清器的作用就是滤掉这些机械杂质和胶质，保持机油的清洁，延长其使用期限。

项目 3　汽车通用保养

学习点 04
机油滤清器在发动机中有哪几种形式

一般润滑系统中会装用几个不同滤清能力的滤清器——集滤器、粗滤器和细滤器，分别并联或串联在主油道中，粗滤器串联在主油道中，为全流式；细滤器并联在主油道中，为分流式。现代轿车发动机上普遍只设有集滤器和一个全流式机油滤清器。

学习点 05
机油滤清器专用拆卸工具有哪些

机油滤清器专用拆卸工具（以世达为例）主要有帽式滤清器扳手、钳式滤清器扳手、带式滤清器扳手和两用滤清器扳手，如图 3-94 所示。

a）帽式滤清器扳手　　b）钳式滤清器扳手　　c）带式滤清器扳手　　d）两用滤清器扳手

图 3-94　机油滤清器专用拆卸工具

帽式滤清器扳手需要配合 3/8"DR. 或 1/2"DR. 驱动工具使用，适合一定车型；钳式滤清器扳手适用于拆卸直径在 63.5~116mm 之间的滤清器，可用于拆卸锈住、难以拆卸的滤清器；带式滤清器扳手适用于 1/2"DR. 驱动工具或 13/16" 的旋柄，可拆卸直径在 120mm 以内的滤清器，适合狭窄空间内使用；两用滤清器扳手适用于 1/2"DR. 驱动工具或 13/16" 的旋柄，可拆卸直径在 102mm 以内的滤清器。

学习点 06
机油液面高度如何检查

油底壳内保持一定量的机油，是润滑系统正常工作的前提，因此要经常检查机油的液面高度。机油的液面高度是通过观察拔出的机油尺来检查的。将汽车停放在平坦的地面上，起动发动机预热 3~5min（冷却液温度达到 60~70℃），然后使发动机停止运转，2~3min 后拔出机油尺，如果机油液面高度处于上限（MAX 或 F 标记）、下限（MIN 或 L 标记）之间，如图 3-95 所示，说明不缺少机油。

图 3-95　机油尺

学习点 07
为什么达到一定里程或时间后必须更换机油？更换周期是多少

机油使用后会变质，因为机油在使用中吸收了发动机中的杂质，它会变脏，然后变黑。如果不更换机油，发动机将被损坏。按照行驶距离或者间隔时间来更换机油，全合成机油一般 10000km 更换一次。在更换机油时要一同更换机油滤清器（具体标准参照车辆维修手册）。

微课视频
机油的选择和更换周期

三、课后拓展

1. 查阅资料，简述 0W-40 机油的牌号含义。

2. 更换机油时，为什么要一同更换机油滤清器？

四、任务实施

作业前的准备	
（1）防护五件套（转向盘套、变速杆套、地板垫、座椅套和驻车制动器操纵杆套）	
（2）实训轿车	
（3）清洁工位，将实训车辆停放在合理位置	
（4）安装五件套	
（5）拉紧驻车制动器或将档位置于 P 位	

1. 机油更换步骤

1）将桶式废油接油机推到车辆前方，如图 3-96 所示。

2）先旋松油桶上的锁止螺母，然后将机油接油盘升到最高位置，最后拧紧锁止螺母，如图 3-97 所示。

图 3-96　准备接油机

图 3-97　调整接油机

3）将机油接油盘放置在发动机油底壳的正下方，如图 3-98 所示。

4）如图 3-99 所示，使用油底壳螺栓专用工具，拧松机油排放螺栓。

图 3-98　调整接油盘

图 3-99　拧松机油排放螺栓

5）拧松机油排放螺栓数圈后，将专用工具清洁后放回工具车。

6）一手拿抹布，另一只手旋下机油排放螺栓，如图 3-100 所示。在旋出机油排放螺栓的过程中，要防止机油沾到手上。如果有机油沾到手上，必须马上用抹布擦干净。

7）取下机油排放螺栓和垫片，排放机油，如图 3-101 所示。注意观察排放螺栓垫片是否也被取下。

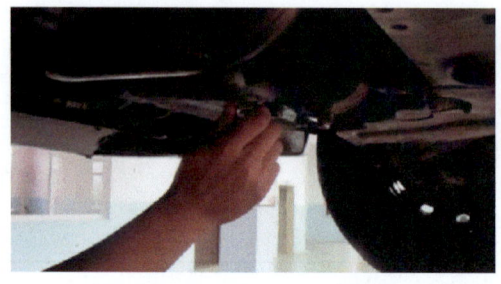
图 3-100　旋下机油排放螺栓

图 3-101　排放机油

8）取下机油排放螺栓和垫片后，用抹布擦干净，然后放在工具车上，如图 3-102 所示。

9）观察机油排放口滴油情况，如图 3-103 所示。当机油呈滴状流出的速度小于或等于 1 滴 /s 时，认为机油排放结束。

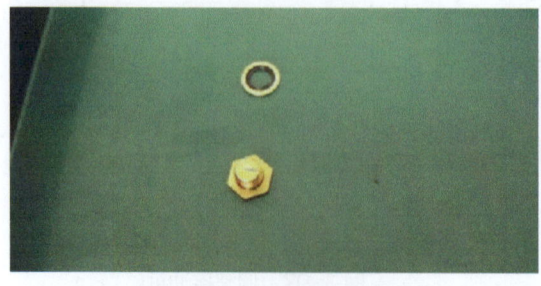
图 3-102　排放螺栓和垫片

图 3-103　观察机油排放口滴油情况

10）更换机油排放螺栓垫片，用手将螺栓完全拧入，如图3-104所示。

11）用专用工具或套筒将机油排放螺栓拧至规定力矩，如图3-105所示。机油排放螺栓规定拧紧力矩为25N·m。

图3-104　拧入螺栓

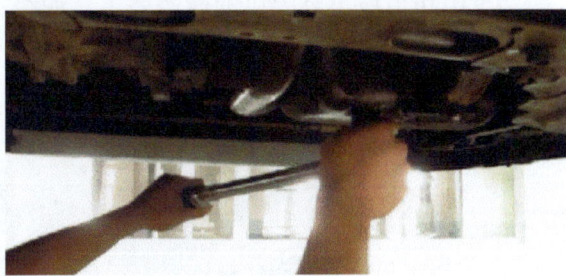
图3-105　用规定力矩拧紧

12）将机油接油盘降下，把桶式废油接油机推到车前方。

2. 机油滤清器更换步骤

1）从工具车上拿出27mm套筒装在长接杆上，并与扭力杆连接，如图3-106所示。套筒接杆应该连接到合适的长度。

2）将套筒套在机油滤清器盖上，并用力拧松，如图3-107所示。

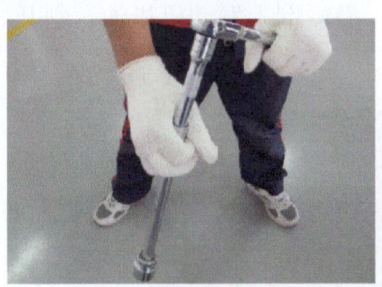
图3-106　准备工具

图3-107　拧松机油滤清器盖

3）用手慢慢拧下机油滤清器盖，如图3-108所示。拆卸机油滤清器盖时应该准备抹布，防止机油泄漏。

4）在机油回收盘上，拆下机油滤清器滤芯和密封圈，如图3-109所示。

图3-108　取下机油滤清器盖

图3-109　取下机油滤清器滤芯和密封圈

5）更换机油滤清器滤芯和密封圈，如图3-110所示。更换完后应涂抹新机油到密封圈上。

6）用双手将机油滤清器盖装到发动机上。

7）用扭力扳手紧固机油滤清器盖，如图3-111所示。机油滤清器盖规定拧紧力矩为25N·m。

图3-110　更换机油滤清器滤芯和密封圈　　图3-111　用规定力矩拧紧机油滤清器盖

3. 加注新机油

1）将机油加注口盖从发动机上取下放到零件车上。

2）从工具车上拿来一壶机油，打开机油壶盖，将其放在工具车上。

3）将机油壶口对准发动机机油加注口，慢慢倒入发动机机油。刚开始一定要慢，否则将影响机油正常加入，如图3-112所示。

图3-112　加注新机油

4）在加机油的过程中一定要注意力集中，注意机油的流速。如果有机油溢出，必须马上停止加注，用抹布将其擦干净。

5）在加机油时，一定要注意加注量。加到规定加注量时，即可停止加注。

6）完成机油加注后，盖好机油壶盖，并放回工具车。

7）从工具车上拿来机油加注口盖，用手将其拧紧，然后用抹布擦干净。

8）抽出机油尺，检查发动机机油液面高度是否合适。

9）操作完毕后，整理工具和设备，清洁场地。

项目 3　汽车通用保养

实训数据记录			
姓名		班级	
学号		指导教师	
组员			
汽车 VIN 码			
汽车品牌		车型、年份	里程
工具选择			
实训流程、数据记录、结果分析			

实践反思

自评、互评、教师点评表

姓名		班级		学号		指导教师		组别	
评分项目		评分内容				分值	个人评分	小组评分	教师评分
工具、场地准备		场地干净整洁，符合作业要求				5			
		通用及专用工具准备齐全、正确				5			
专业知识学习		学习态度端正，认真积极				5			
工具、设备选择与使用		检测与维修工具、设备选择正确、合适				5			
		工具、设备使用正确，操作规范				10			
操作实施		按照要求实施操作				25			
		操作正确、有序				10			
		零部件拆装无破损				5			
总结报告		数据记录完整，符合实际情况				5			
		实训报告客观、务实				5			
团队协作能力		小组成员分工明确				5			
		团队协作，共同完成实训操作				5			
安全		安全操作，未出现人身危险情况				5			
		工具、设备使用安全，未损坏				5			
总分						100			

组长： 日期：

任务 8　自动变速器油更换

一、学习目标

1. 了解自动变速器油的基本知识
2. 能够正确规范地对自动变速器油进行维护及更换

二、学习任务

学习点 01
自动变速器油的作用

自动变速器油（Automatic Transmission Fluid，ATF），是指专用于自动变速器的油液。汽车自动变速器维护的主要内容之一就是对 ATF 进行检查和更换。在液力变矩器中，ATF 负责将发动机动力传递给自动变速器，在自动变速器中 ATF 主要有下列作用。

1）通过电控、液控系统传递压力和运动，完成对各换档元件的操纵。
2）冷却：将变速器中的热量带出传递给冷却介质。
3）润滑：对行星齿轮机构和摩擦副强制润滑。
4）清洁运动零件并起到密封作用。

学习点 02
自动变速器油（ATF）应具有怎样的性能指标

美国通用汽车公司 DEXRON 标准和美国福特 MERCON 标准，这两种最有代表性的企业标准中，给出了 ATF 的具体性能指标。

1）适当的黏度。ATF 的使用温度为 -40~170℃，范围很宽，又因自动变速器对其工作油液的黏度极其敏感，所以黏度是 ATF 重要的特性之一。不同种类的自动变速器所需要的 ATF 黏度也不相同，因此不能随意地更换汽车使用的标准 ATF，避免由于 ATF 黏度与自动变速器黏度要求不适应而出现不良反应。当使用 ATF 的黏度偏大时，不仅影响变矩器的效率，而且可能造成低温起动困难；当使用 ATF 的黏度偏小时，会导致液压系统的泄漏增加。特别是自动变速器在高速工作时，铝制箱体膨胀量大，此时如 ATF 黏度小则可能引起换档不正常。

2）良好的热氧化安定性。ATF 的热氧化安定性是使用中的一个极为重要的问题。与机油一样，油品的氧化安定性直接决定着 ATF 的使用寿命和自动变速器的使用寿命。因为ATF的工作温度很高，如果热氧化安定性不好，就会导致形成油泥、清漆、积炭及沉淀物等，从而造成离合器片和制动片打滑、控制系统失灵等故障的发生。美国专业公司测定了出租轿车和自用小轿车自动变速器中的油温。自用车在高速公路上行驶时的油温为82.2~87.8℃，而出租车在市内停停走走时的油温更高，一般在93.3~111.7℃之间。由于亚洲路况、驾驶因素等影响，可能与美国专业公司的测定结果有一定差别。但据科学估计，亚洲车辆的ATF工作油温保持在100℃左右，极端情况下可能会达到150℃；而在离合器片表面温度可达393℃。因此亚洲车辆自动变速器的工作状况更为恶劣。

3）良好的抗泡沫性。自动变速器中的ATF产生泡沫对于传动系统危害很大，这是由液力自动变速器油液的工作性质所决定的。在这里液力变矩器和变速器是同一油路系统供油的，因此ATF既是变矩器传递功率的介质，又是变速器自动控制的介质和润滑冷却的介质。泡沫可导致变矩器传递功率下降，泡沫的可压缩性导致液压系统压力波动和油压下降，严重时可使供油中断。油中混入大量空气，实际是减少了润滑油量。这些气泡在压缩过程中，温度升高，加速了油品老化，影响了油品使用寿命，并且导致机件早期磨损。

4）良好的抗磨性能。只有良好的抗磨性能才能保证：
①行星齿轮中各齿轮传动的需要。
②离合器片工作效能的需要。
③自动变速器寿命的需要。

5）与系统中橡胶密封材料的匹配性好。自动变速器中多使用的是丁腈橡胶、丙烯橡胶及硅橡胶等，要求ATF不能使其有太明显的膨胀，也不能使之硬化变质。

6）良好的摩擦特性（换档性能）。这是保证传动齿轮各零件工作平顺的关键，并能降低噪声，延长寿命。

7）防腐（防锈）性能优良。在传动装置和冷却系中安装有铜接头、黄铜轴瓦、黄铜过滤器及止推垫圈等部件。这些部件中均含有大量的有色金属，因此ATF必须保证不会引起铜腐蚀和其他金属生锈。

8）储存安定性优良。ATF在一定温度范围内和一定时间内应保证均匀且没有分解，而且ATF各成分不应出现分层或析出等现象。

用于自动变速器的油液应通过严格的台架实验和道路实验，并具备上述的各种性能。

学习点 03
自动变速器油（ATF）的检查内容及方法有哪些

在进行自动变速器维护时，对ATF的检查是极其重要的工作。检查内容主要包括油质检查、油量检查和漏油检查。

1. 油质检查

检查油质、颜色、气味和杂质，确认 ATF 是否过热变质。一般德士龙（Dexron）油染成红色，油质清澈纯净。

2. 油量检查

自动变速器中油面的高低对变速器的性能影响很大。若油面过高，旋转机件旋转时剧烈搅动油液并产生气泡，气泡混入 ATF 内，会降低液压回路的油压，影响控制阀的正常工作。同时，还会引起离合器、制动器打滑，加剧磨损。若油面过低，油泵吸入空气或油液中渗入空气，同样会产生前述类似的问题。另外油面过低还会使润滑冷却条件变差，加速 ATF 的氧化变质。一般加入自动变速器中的油液量，应保证在液力变矩器及各操纵机构充满以后，变速器中油面高度低于行星齿轮等旋转件的最低点，高出阀体与变速器壳体的接合面。在自动变速器中，ATF 液面的高低与油液的温度和变速器的工作状况有关。温度升高，油面也升高；当自动变速器正常运转时，ATF 充注在变矩器和各操纵机构油道内，液面下降，熄火后，油面会升高。因此油面高度的检查是在规定的条件下进行。具体检查方法不同厂家的规定各不相同，应按照维修手册进行。

一般来说，自动变速器的油量检查方法如下：驾驶车辆，使发动机和自动变速器处于正常工作温度下，油液温度在 70~80℃之间。

1）将车辆停放在水平地面上，并驻车。

2）在发动机怠速且制动踏板踩下的情况下，将变速杆从 P 位换到 L（或 S 以及 M）位的所有位置，然后回到 P 位。

3）拉出自动变速器油尺，并将其擦干净。

4）将自动变速器油尺推回油管中。

5）再次拉出自动变速器油尺，并检查液位是否在 HOT 范围内，如果液位低于 HOT 范围，加注新油并重新检查液位；如果液位超过 HOT 范围，排放一次，添加适量的新油并重新检查液位。

学习点 04
如何正确规范地更换自动变速器油

1. ATF 的更换周期

自动变速器油的更换周期是以行驶千米数或使用时间为准，若在车辆使用手册中同时给出了这两个指标，则哪一项指标先到就先执行哪一项；如果车辆使用手册未标明自动变速器的换油时间，则按照 4~6 万 km 的里程来更换。

2. ATF 的更换方法

1）人工换油法：这种方法在行业内俗称"手换"，即打开自动变速器的放油螺塞，让里面的油液自然排出。这是一种旧的换油方式，优点是操作方便、耗时少，缺点是换油不彻底，只能放掉 1/4~1/3 的旧油液，大约是 3L。这样，残留下来的旧油液会污染新的变速器油，而新旧油液混合后，必然会影响自动变速器各方面的性能。

目前，相当一部分服务店都沿用这种换油方式，所以为保证油液质量只能缩短换油间隔时间。

> **注意：** 更换自动变速器油时必须使用同一品牌的自动变速器油。因为在更换变速器油时，并不能够将所有的旧油液全部排出，还有部分旧油液残留在自动变速器内部，如使用不同品牌的变速器油与旧油液混合，会直接损坏自动变速器或缩短变速器的使用寿命。

2）专用换油机更换：这种方法在行业内俗称"机换"，利用专用机器产生的压力，把变矩器的润滑油管和散热器油管里的油进行动态更换。绝大部分自动变速器的油液是通过发动机散热器进行循环冷却的。机换的方法就是把换油机接自动变速器通入散热器用于冷却的两根管，用压力进行循环换油。其操作方法是：向专用换油机加入一定量的新油液，新油液通过进油管泵入自动变速器，再从出油管抽出旧油液，旧油液输入换油机后被油液滤清器过滤，然后又泵进自动变速器，这样不断循环对变速器进行冲洗，冲洗完成后把旧油液抽出，泵入新油液，整个过程约需要 1h，所需自动变速器油液是 12L 左右。这种换油方式的优点是换油比较彻底，能够放掉 85% 以上的旧油液，而且可以把自动变速器内部的油垢和金属屑清洗干净。通过机换的方式，更换油液的周期可以达到 46 万 km；缺点是需要专用机械，耗费的工时多。

3）两种换油方法都要在发动机起动的情况下进行，在操作的时候必须是在热车的状态下，更换前应行驶 20min 以上，不能冷车换油。换油时要起动发动机，将变速杆从 P 位到 R、N、D、L1、L2 等档位来回拨动，然后才开始换油液。

三、课后拓展

1. 查阅资料，说明长安轿车、奔驰轿车的自动变速器油更换的方法。

2. 收集的废油液应该如何处理？

项目 3　汽车通用保养

四、任务实施

作业前的准备	
（1）防护五件套（转向盘套、变速杆套、地板垫、座椅套和驻车制动器操纵杆套）	
（2）实训轿车	
（3）清洁工位，将实训车辆停放在合理位置	
（4）安装五件套	
（5）拉紧驻车制动器或将档位置于 P 位	

检查自动变速器油液面步骤：

1）拆下空气滤清器和蓄电池，拧下加油螺塞，如图 3-113 所示。车辆处于水平时，检查的结果更准确；需要先拆下空气滤清器和蓄电池，然后才能拆下加油螺塞；拆卸加油螺塞时需用专用工具，因操作空间较小，需注意安全。

2）加入 0.5L 自动变速器油到变速器（图 3-114）里，拧紧加油螺塞，安装好空气滤清器和蓄电池。加油速度较慢，需耐心等待，必须加完 0.5L 油。

图 3-113　拧下加油螺塞　　图 3-114　加入自动变速器油

3）起动发动机，踩下制动踏板，各档位循环挂几遍，如图3-115所示。此时必须保持发动机处于怠速状态；循环挂档完成后，使变速器处于P位。

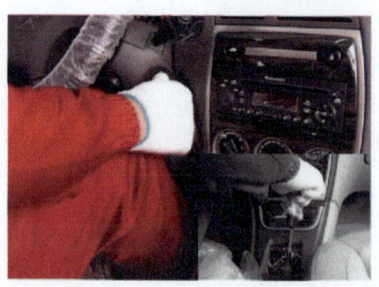

图3-115　起动发动机并循环挂档

4）变速杆置于P位，发动机怠速运行，使用PROXIA监测油温直至油温达到60℃。

5）拧下液面检查螺塞，检查液面高度，如图3-116所示。检查液面高度时，必须使发动机怠速运行。如果拧下液面检查螺塞时没有油液滴下，则需要加油，重复上述步骤；若油液缓慢流出，待油液成滴时拧上液面检查螺塞。

图3-116　拧下液面检查螺塞

6）拧上液面检查螺塞，并清洁，如图3-117所示。

图3-117　拧上液面检查螺栓

7）降下车辆，连接PROXIA，设置机油消耗计数器。机油消耗计数器设置时，每加0.5L油，计数器减少2750个单位，按所加油量进行计算；每次加新油后都需要此步操作。

8）关闭发动机，整理场地并清洁车辆和地面。

项目 3　汽车通用保养

实训数据记录			
姓名		班级	
学号		指导教师	
组员			
汽车 VIN 码			
汽车品牌		车型、年份	里程
工具选择			
实训流程、数据记录、结果分析			

实践反思

自评、互评、教师点评表

姓名		班级		学号		指导教师		组别	
评分项目		评分内容				分值	个人评分	小组评分	教师评分
工具、场地准备		场地干净整洁，符合作业要求				5			
		通用及专用工具准备齐全、正确				5			
专业知识学习		学习态度端正，认真积极				5			
工具、设备选择与使用		检测与维修工具、设备选择正确、合适				5			
		工具、设备使用正确，操作规范				10			
操作实施		按照要求实施操作				25			
		操作正确、有序				10			
		零部件拆装无破损				5			
总结报告		数据记录完整，符合实际情况				5			
		实训报告客观、务实				5			
团队协作能力		小组成员分工明确				5			
		团队协作，共同完成实训操作				5			
安全		安全操作，未出现人身危险情况				5			
		工具、设备使用安全，未损坏				5			
总分						100			

组长：　　　　　　　　　　　　日期：

任务 9　防冻冷却液更换

一、学习目标

1. 了解冷却液的基本知识
2. 能够正确规范地对冷却液进行维护及更换

二、学习任务

学习点 01
冷却液的分类是怎样的？有哪些种类

冷却液的全称应该叫防冻冷却液，意为有防冻功能的冷却液，防冻液可以防止寒冷季节停车时冷却液结冰而胀裂散热器和冻坏发动机气缸体。防冻液不仅仅可以在冬季使用，它在全年都可以使用。汽车正常的保养项目中，每行驶一年，需更换发动机防冻液。

微课视频
冷却系统的功用及组成

冷却液由水、防冻剂和添加剂三部分组成，按防冻剂成分不同可分为酒精型、甘油型、乙二醇型等类型的冷却液。

酒精型冷却液是用乙醇（俗称酒精）作防冻剂，价格低廉，流动性好，配制工艺简单，但存在沸点较低、易蒸发损失、冰点易升高、易燃等缺点，现已逐渐被淘汰。

甘油型冷却液沸点高、挥发性小、不易着火、无毒、腐蚀性小，但降低冰点效果不佳、价格昂贵，普通用户难以接受，只有少数北欧国家仍在使用。

乙二醇型冷却液是用乙二醇作防冻剂，并添加少量抗泡沫、防腐蚀等综合添加剂配制而成。由于乙二醇易溶于水，可以任意配成各种冰点的冷却液，其最低冰点可达 −68℃，这种冷却液具有沸点高、泡沫倾向低、黏温性能好、防腐和防垢等特点，是一种较为理想的冷却液。目前，国内外发动机所使用的和市场上所出售的冷却液几乎都是这种乙二醇型冷却液。

学习点 02
冷却液有哪些作用

微课视频
冷却液的功用

1. 冬季防冻

为了防止汽车在冬季停车后，冷却液结冰而造成散热器、发动机缸体胀裂，要求冷却液的冰点应低于该地区最低气温 10℃左右，以防天气突变。

2. 防腐蚀

冷却系统中散热器、冷却液泵、缸体及缸盖、分水管等部件是由钢、铸铁、黄铜、纯铜、铝、焊锡等金属材料制成的。由于不同金属的电极电位不同，在电解质的作用下容易发生电化学腐蚀；同时冷却液中的乙二元醇等物质分解后形成的酸性产物、燃料燃烧后产生的酸性废气也可能渗透到冷却系统中，促进冷却系统腐蚀。冷却系统腐蚀会使散热器的下水室、喷油器隔套、冷却管道、接头以及散热器排水管发生故障，同时腐蚀产物堵塞管道，引起发动机过热甚至熄火；若腐蚀穿孔，冷却液渗入燃烧室或曲轴箱会产生严重的破坏，因为当冷却液或水与润滑油混合时，产生油污和胶质，削弱润滑，使得阀、液压阀推杆与活塞环黏结。因而冷却液中都应加入一定量的防腐蚀添加剂，防止冷却系统被腐蚀。

3. 防水垢

冷却液在循环中应尽可能地减少水垢的产生，以免堵塞循环管道，影响冷却系的散热功能。

综上所述，在选用、添加冷却液时，必须慎重。首先，应该根据具体情况去选择合适配比的发动机冷却液。其次，添加冷却液时将选择好配比的冷却液添加到散热器中，使液面达到规定位置即可。

4. 高沸点（防开锅）

符合国家标准的冷却液，沸点通常都超过 105 ℃，比起水的沸点 100℃，冷却液能耐受更高的温度而不沸腾（开锅），在一定程度上满足了高负荷发动机的散热冷却需要。

学习点 03
冷却液使用时的注意事项有哪些

现代汽车的发动机冷却液除了具有冷却功能外，还必须解决穴蚀、化学腐蚀、电化学腐蚀和水垢四大问题。冷却液是水与防冻剂的混合物，由于水的来源不同，其成分和清洁度也不同，因此，在加注冷却液时，要注意以下几个方面。

1. 不要加自来水、污水

水就其是否溶解有矿物质，可分为硬水和软水两种。硬水中含有铁、钙、镁等元素的离子，未经处理的井水、泉水就属于硬水。如果向发动机中加注这类硬水，经发动机加热蒸发后，就会产生碳酸钙、硫酸钙等化合物，沉淀下来形成水垢。水垢一方面是热的不良导体，另一方面当水垢增加到一定程度时，会使管路变窄，水的流量随之减少，就会影响发动机散热，造成发动机过热。而污水中含有泥沙和腐烂的有机物，易腐蚀散热器和缸体水套，影响其使用寿命。

2. 不要不管不问

发动机加注长效冷却液，在工作一段时间后，应打开散热器盖进行检查。当散热器内出现水垢、水锈和沉淀物时，应及时更换冷却液。

3. 不要缺水运行

高温天气行车，散热器内的冷却液蒸发加快，要时刻注意检查冷却液量，注意观察冷却液温度表。散热器如果不完全加满，冷却液在水套内循环就存在问题，冷却液温度容易升高造成"开锅"。有的车加水时不易加满，其散热器位置较发动机低，加水时散热器加水口显示已经加满，但实际上发动机水套内缺水。如贸然行车，散热器易"开锅"。对这类车，正确的方法是：应在加水口显示加满后，起动发动机运转，待发动机温度升高至节温器开启时，水套内空气排出后，水面就会下降，此时再将散热器加满即可。对于轿车，冷却液液面应位于储液罐外表面"高"线和"低"线之间。

4. 散热器"开锅"时不要贸然开盖

因为"开锅"时，散热器内温度很高（至少100℃），压力大，突然开启散热器盖，高温的水及水蒸气便会向外急速喷出，易烫伤加水者。出现"开锅"时一般应怠速运转，等发动机温度降下来后再开盖加注冷却液。如时间紧迫，可先用湿布盖住散热器盖，再用湿毛巾包住手，然后慢慢将散热器盖打开。另外，加冷却液速度不宜过快，应缓缓加入。

5. 加水时不要将水洒到发动机上

加水时，若将水洒到发动机的火花塞孔座、高压线插孔、分电器上，可能会对跳火有影响；水溅到传动带上也可能导致其打滑；洒到发动机机体上，还有可能导致机体变形甚至产生裂纹。

6. 人体不要接触冷却液

冷却液及其添加剂均为有毒物质，请勿接触，并置于安全场所。从发动机内放出的冷却液不宜再使用，应严格按照有关法规处理废弃的冷却液，否则易引起环境污染。

7. 不同型号的冷却液不要混合使用

不同型号的冷却液混合使用容易生成沉淀或气泡，降低使用效果。在更换冷却液时，应先将冷却系统用蒸馏水冲洗干净，然后再加入新的冷却液。用剩的冷却液应在容器上注明名称，以免混淆。

学习点 04
如何检查、更换冷却液

1. 冷却液的检查

现代轿车冷却系统中，都装有冷却液补偿系统。补偿系统由储液罐膨胀水箱和连接到散热器加水口座上的溢流管等组成。储液罐最低液面高度高出散热器液面，补偿系统可以使散热器充满冷却液，以便发挥散热器的最大散热功能。发动机温度升高时，散热器中的冷却液受热膨胀，冷却液和上方的热空气就会从散热器流入储液罐；当发动机温度降低时，散热器中的冷却液收缩，冷却液就会从储液罐中流入散热器。这样就使散热器中始终充满冷却液。所以，在发动机运转温度正常时，储液罐的冷却液液面高度应保持在最低位置和最高位置标记的范围内。检查发动机冷却液液位时，要等发动机冷却后再检查冷却液储液罐中的液位。如果液位在储液罐上高位线与低位线之间，则表明液量充分；如果液位低，则需添加冷却液。随着发动机温度的变化，冷却液储液罐中的液位也随之变化。如果添加冷却液后，液位在短时间内有明显下降，则系统可能有泄漏。必须检查冷却系统各部位接头是否松动、管路是否破裂、散热器及缸体是否有裂纹等。

2. 冷却液的更换

1）冷却液的加注。首先拧开散热器上方的散热器盖，打开调温器上部的放气阀，向散热器加水口加注冷却液。当看到放气阀口流出冷却液时，将放气阀关闭，继续向加水口加注冷却液，加满后，装好散热器盖。

2）放净旧冷却液。首先打开发动机缸体上和散热器下方的放水开关，装有暖风装置的，应将暖风装置上的温度调节器调到全开位置。为使水流动得更快，可以旋开调温器上方的放气阀。为使冷却液全部放净，如果看到储液罐的冷却液还没有全部放净，可以把连接在散热器加水口座上的溢流管上的软管拆下，放净后再装上。

3. 选择和更换冷却液时应注意的事项

1）选择品质优良的冷却液。应尽量选择质量优良的知名品牌的乙二醇型防冻液，其冰点应比汽车运行地区的最低气温低10℃左右。

合理选用冷却液是保证发动机冷却系统正常工作的重要环节，而正确选用优质冷却液是防止铝制发动机气缸盖等零部件被腐蚀的关键。

2）定期检修冷却系统。冷却系统堵塞、冷却液循环不畅、气缸垫烧坏、发动机风扇传动带过松等，都会导致冷却液使用时出现不正常的现象。

3）加入冷却液前应清洗发动机冷却系统。加入冷却液前，应先使用清水或散热器专用清洗剂清洗发动机冷却系统。其方法是：

先将发动机温度升高至40~50℃，然后熄火，打开储液罐盖和放水开关（或螺塞），放净系统中的冷却液，向发动机内加入清洁的水或散热器专用清洗剂，待加满后，再使发动机怠速运转5min，放出脏水，最后关上放水开关（或螺塞），加入新冷却液。

更换发动机冷却液时的注意事项：

首先,更换冷却液时应注意不要将冷却液溅到机体上,并防止热的冷却液喷出伤人;其次,要保证将冷却液释放干净,需要将散热器和缸体中的冷却液都放掉,并能够保证冷却系统中不会有空气残留,将冷却液添加到标准液位;最后,工序完成后确认是否有泄漏。

三、课后拓展

1. 查阅资料,分别说明燃油汽车、纯电动汽车的冷却液更换周期。

2. 冷却液中的添加剂有毒性,排放的废液应如何处理?

汽车维护与保养

四、任务实施

	作业前的准备
（1）防护五件套（转向盘套、变速杆套、地板垫、座椅套和驻车制动器操纵杆套）	
（2）实训轿车	
（3）清洁工位，将实训车辆停放在合理位置	
（4）安装五件套	
（5）拉紧驻车制动器或将档位置于P位	

冷却液更换步骤：

1）打开散热器盖。热车时，应用湿毛巾垫手，拧松散热器盖，并小心热水飞溅烫伤。

2）拧开散热器底部放水孔螺塞，释放旧冷却液。

3）松开下水管（橡胶管）与发动机连接端口（注意检查有无锈蚀，必要时用砂纸打磨清理锈蚀，安装前再用密封胶涂抹）。

4）松开暖气水管（通往驾驶舱的两条中任意一条）。

5）更换不同品牌的冷却液时，最好接自来水水管用水冲洗。

6）塞回散热器底部的放水口螺塞，连接自来水管，打开水龙头，起动发动机，适当加油提速循环水路，并将自来水管移动到各个断口进行冲洗，直到将旧冷却液完全清洗干净为止。

7）松开放水口螺塞，放掉散热器内的自来水。

8）用压缩空气吹出发动机与供暖器内残留的水。

9）按照原来位置安装好所有管路接口。

10）正常情况下，能够加入接近4L的冷却液。

11）起动发动机，直到冷却风扇频频起动，节温阀开启。

12）将暖气开关旋转到红色最大区域，间歇踩下加速踏板，使冷却液充分循环，排除水路内部空气，并通过空调出风口的温度进行初步判断。

13）熄火冷却后，再从散热器盖处加满冷却液，储液罐的液面不要加注过高。

14）散热器液面观测，必须以冷车时观察为准。

15）操作完成后整理设备和工具，并清洁场地。

项目 3　汽车通用保养

实训数据记录				
姓名		班级		
学号		指导教师		
组员				
汽车 VIN 码				
汽车品牌		车型、年份		里程
工具选择				
实训流程、数据记录、结果分析				

实践反思

自评、互评、教师点评表

姓名		班级		学号		指导教师		组别	
评分项目			评分内容			分值	个人评分	小组评分	教师评分
工具、场地准备			场地干净整洁，符合作业要求			5			
			通用及专用工具准备齐全、正确			5			
专业知识学习			学习态度端正，认真积极			5			
工具、设备选择与使用			检测与维修工具、设备选择正确、合适			5			
			工具、设备使用正确，操作规范			10			
操作实施			按照要求实施操作			25			
			操作正确、有序			10			
			零部件拆装无破损			5			
总结报告			数据记录完整，符合实际情况			5			
			实训报告客观、务实			5			
团队协作能力			小组成员分工明确			5			
			团队协作，共同完成实训操作			5			
安全			安全操作，未出现人身危险情况			5			
			工具、设备使用安全，未损坏			5			
总分						100			

组长： 日期：

任务 10　制动液更换

一、学习目标

1. 了解制动液的基本知识
2. 能够正确规范地对制动液进行维护及更换

二、学习任务

学习点 01　制动液的作用及种类

汽车制动液俗称刹车油或刹车液，由基础油或基础液以及各种添加剂组成，是汽车液压制动系统中用于传递压力、使车轮制动器实现制动作用的一种功能性液体。汽车制动液的质量状况直接影响车辆的行驶安全。如果车辆使用的制动液质量低劣，则会因发生高温气阻、低温制动迟缓而导致汽车制动故障甚至制动失灵，引起交通事故。

微课视频
制动液及检查

制动液有以下三种类型：

1）蓖麻油－醇型：用精制蓖麻油和醇类按 1∶1 比例配制而成。在寒冷地区，用 34%（质量分数，后同）蓖麻油、13% 丙三醇（甘油）、53% 乙醇配制成的制动液，在 −35℃ 左右仍能保证正常制动，但其沸点低，易产生气阻。

2）合成型：用醚、醇、酯等化合物掺入具有润滑、抗氧化、防锈、抗橡胶溶胀等作用的添加剂制成，使用性能良好，工作温度可高达 150℃，但价格较高。

3）矿油型：用精制的轻柴油馏分加入稠化剂和其他添加剂制成，工作温度范围为 −70~150℃。它的使用性能良好，但制动系统须配用耐矿油的橡胶件。中国的矿油型制动液分为"7 号"和"9 号"两种："7 号"用于严寒地区，"9 号"用于气温不低于 −25℃ 的地区。各种制动液不可混存和混用，否则会出现分层而使制动系统失去作用。

学习点 02　制动液应具有怎样的性能指标

制动液的优劣直接影响制动的可靠程度，因此制动液的选购事关广大交通参与者的生命安全，绝不可掉以轻心。我国现行的制动液标准 GB 12981—2012《机动车辆制动液》为强制性标准，共有 14 项技术指标要求，分别是外观、平衡回流沸点、湿平衡回流沸点、运动黏度（100℃、-40℃）、pH 值、液体稳定性、腐蚀性、低温流动性和外观、蒸发性能、容水性、液体相容性、抗氧化性、橡胶相容性、行程模拟性能。

合格的制动液应具有以下性能：

1）黏温性好，凝固点低，低温流动性好。

2）沸点高，高温下不产生气阻。

3）使用过程中品质变化小，不会引起金属件和橡胶件的腐蚀和变质。

学习点 03
制动液的使用注意事项有哪些

微课视频
制动液的更换

1）如果不小心将汽油、柴油、机油或者玻璃清洗剂混入制动液中，会大大影响制动效果，因此应及时更换制动液。

2）车辆正常行驶 4 万 km 或连续使用超过 2 年，制动液很容易由于使用时间长而变质，所以要注意及时更换。

3）装有制动液液面报警装置的车辆，应随时观察警告灯是否闪亮，警告传感器性能是否良好。当制动液不足时应及时添加，制动液的液位应保持在标定的最低容量刻度和最高容量刻度之间。

4）车辆制动出现跑偏时，应选择质量比较好的制动液予以更换，同时更换制动管皮碗。

5）换季时，尤其在冬季，如果发现低温条件下制动效果下降，则有可能是制动液的级别不适应当地冬季气候，此时应更换新制动液，而且要选择在低温下黏度偏小的制动液。

6）不同类型和不同品牌的制动液不要混合使用，对有特殊要求的制动系统，应加注特定牌号的制动液。由于不同品牌和不同类型的制动液的配方不同，混合制动液会造成制动液性能指标下降。即使是那些互溶性比较好、标明能混用或可替代的品牌，使用中也不尽如人意，因此也不宜长期使用。

7）当制动液中混入或吸入水分，或者发现制动液有杂质或沉淀物时，应及时更换或者认真过滤，否则会造成制动压力不足，从而影响制动效果。

8）更换制动液，一定要把原来的制动液清洗干净，再加入新的制动液。

学习点 04
液压制动系统制动管路是怎么布置的

液压制动系统的制动管路有单管路和双管路两种布置形式。随着人们对汽车安全要求的不断提升和一些国家强制标准的施行，单管路的制动系统已经逐渐被淘汰了。

目前，汽车上应用最广泛的双管路布置形式主要有两种，一种是一套管路控制两个前轮制动器，另一套管路控制两个后轮制动器，此布置形式称为 H 形（图 3-118）；另一种是一套管路控制一个前轮制动器和对角的一个后轮制动器，剩下的两个制动器由另一套管路控制，此布置形式称为 X 形（图 3-119）。如东风雪铁龙爱丽舍轿车和桑塔纳 2000 轿车的制动系统就是采用对角线布置形式。

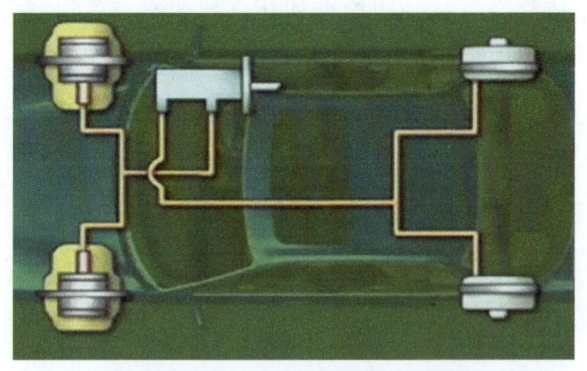

图 3-118　H 形制动管路示意图

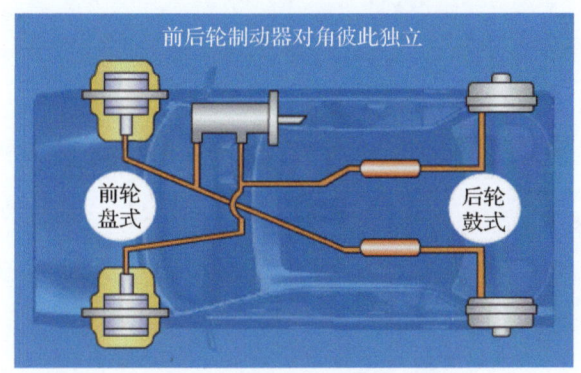

图 3-119　X 形制动管路示意图

学习点 05
如何更换制动液并排放制动液中的空气

在更换制动液的过程中，因为要一边排放旧制动液，一边添加新制动液，可能会有空气进入到制动管路中，所以制动液的更换是与制动液中空气的排放一起进行的。具体步骤如下。

1）放出旧制动液。起动发动机并保持怠速运转（非真空助力式制动系，不必起动发动机）。拧下制动液储液罐的加液口盖。在制动轮缸放气螺钉上，套上一根透明塑料管，将管的另一端放入一盛装旧制动液的容器内。拧松放气螺钉，然后向储液罐内加入足量的同种制动液。

2）排放制动管路内的空气。排气时，应按由远及近的原则对各轮缸进行放气。放气作业由二人配合进行，一个人在驾驶室内连续踩动制动踏板，使踏板位置升高。此时在车下的另一个人拧松放气螺塞，使管路中的空气和制动液一同排出。当踏板位置降低时，立即拧紧放气螺塞。如此反复多次，直到塑料管内没有气泡排出为止。最后拧紧放气螺塞并装好防尘套。按上述方法依次对其他轮缸进行排气。

在排气时应一边排除空气，一边检查和补充制动液。直到空气完全排放干净为止，将储液罐的制动液补充到规定位置。

三、课后拓展

制动液在更换过程中，为什么要进行空气的排放？

项目3 汽车通用保养

四、任务实施

作业前的准备	
（1）防护五件套（转向盘套、变速杆套、地板垫、座椅套和驻车制动器操纵杆套）	
（2）实训轿车	
（3）清洁工位，将实训车辆停放在合理位置	
（4）安装五件套	
（5）拉紧驻车制动器或将档位置于P位	

双人配合更换制动液步骤：

1. 添加新制动液

1）拆下储液罐上的液位传感器的插接器，如图3-120所示。

2）旋下储液罐盖后，擦净油液，摆放在零件车上，如图3-121所示。

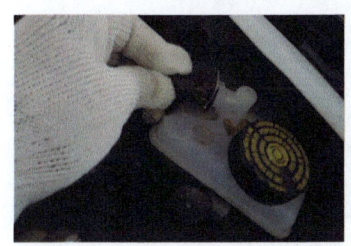

图3-120 拆下液位传感器的插接器

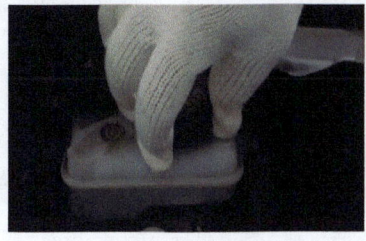

a）取下储液罐盖

b）摆放储液罐盖

图3-121 拆卸储液罐盖

3）将漏斗放入储液罐加油口中，并扶稳，如图 3-122 所示。

4）旋开制动液包装盖，将制动液缓慢倒入储液罐内，直到液面到达规定位置为止，如图 3-123 所示。

图 3-122 准备漏斗

图 3-123 加注制动液

5）用抹布擦净储液罐加油口处的油渍，并旋紧储液罐盖，如图 3-124 所示。

6）安装插接器到液位传感器插座上，如图 3-125 所示。

图 3-124 清洁储液罐

图 3-125 装回液位传感器插接器

2. 排空旧制动液

1）甲同学进入驾驶室，放松驻车制动器操纵杆，如图 3-126 所示。

2）乙同学操作举升机，将车辆举升至适当高度，并进行安全锁止。

3）乙同学进入车辆下面，取下车轮制动轮缸放气阀上的防尘帽，摆放在零件车上，如图 3-127 所示。

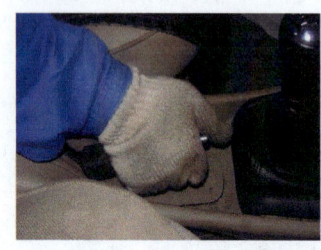
图 3-126 放松驻车制动器操纵杆

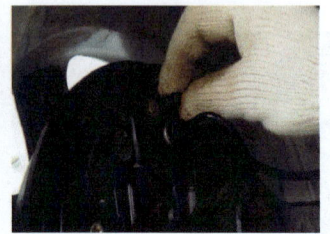
图 3-127 取下车轮防尘帽

4）乙同学将塑料软管一端插入制动轮缸的放气阀上，另一端插入接油容器中，如图 3-128 所示。

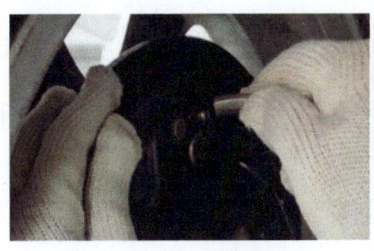 

a）软管一端连接放气阀　　　　b）软管另一端连接容器

图 3-128　连接塑料软管

5）甲同学连续踩踏制动踏板多次后，踩住制动踏板不放，向乙同学发出信号，听到信号后乙同学使用排气扳手拧松制动轮缸上的放气阀，如图 3-129 所示。

a）甲同学踩住制动踏板不放　　　　b）乙同学拧松放气阀

图 3-129　两人配合拧松制动轮缸上的放气阀

6）无制动液排放时，乙同学拧紧放气阀后，向甲同学发出信号。

7）甲、乙同学相互配合，重复 5）、6）的操作步骤，直到使用过的制动液排放完毕，拧紧放气阀，取下塑料软管。

8）用抹布擦净制动轮缸放气阀周围的油渍，完成汽车制动系统内的制动液排放。

> 提示：重复以上操作步骤，分别完成左前轮、右后轮、右前轮制动管路的制动液排放操作。

3. 清洗制动管路

1）乙同学拔下安装在储液罐上的液位传感器插接器，并旋下储液罐盖，摆放在零件车上。

2）乙同学将漏斗放入储液罐加油口中，并扶稳。

3）乙同学旋开制动液包装盖，将制动液缓慢倒入储液罐内，直到液面达到规定要求为止，旋紧储液罐盖。

4）甲同学进入驾驶室，乙同学操作举升机，将车辆举升到适当高度，并进行安全锁止。

5）乙同学用手取下左后车轮制动轮缸放气阀上的防尘帽，并摆放在零件车上。

6）乙同学将塑料软管一端插入制动轮缸的放气阀上，另一端插入接油容器中。

7）甲同学连续踩踏制动踏板多次后，踩住制动踏板不放并向乙同学发出信号，乙同学使用排气扳手拧松制动轮缸上的放气阀。

> **提示：** 在操作的过程中，须及时向储液罐中添加制动液，以保证制动液液位在规定的范围内。

8）观察流入接油容器中制动液的情况，重复7）的操作步骤，直到排出的制动液色泽鲜亮、无杂质，停止踩踏制动踏板。

9）取下塑料软管，拧紧放气阀，擦净制动轮缸放气阀周围的油渍，将车辆下降到地面，完成左后车轮制动管路清洗。

> **提示：** 重复以上操作步骤，分别完成左前轮、右后轮、右前轮制动管路的清洗操作。

4. 制动系统排空气

1）甲同学进入驾驶室，乙同学操作举升机，将车辆举升至适当高度，并进行安全锁止。

2）乙同学用手取下车轮制动轮缸放气阀上的防尘帽，并摆放在零件车上。

3）乙同学将洁净的塑料软管一端插入制动轮缸的放气阀上，另一端插入装有新制动液的接油容器中液面以下的位置。

4）甲同学连续踩踏制动踏板数次，当感觉制动踏板阻力增大时，踩住制动踏板不放并向乙同学发出信号。

5）乙同学听到信号后，使用排气扳手，拧松制动轮缸上的放气阀，制动液和空气快速进入接油容器中。

> **提示：** 排气过程中，甲同学的脚须随制动踏板下行，切不可放松制动踏板，并注意查看储液罐内制动液液面，做到及时添加。

6）当进入接油容器中的制动液流速变慢时，乙同学拧紧制动轮缸上的放气阀，并向甲同学发出信号。

7）甲、乙同学相互配合，重复4）、5）、6）的操作步骤，直到制动轮缸里的空气排放完毕，拧紧放气阀，取下塑料软管。

8）擦净制动轮缸周围的油渍，完成车轮制动管路排气。

> **提示：** 按照以上步骤，按照右后车轮、左前车轮、左后车轮、右前车轮的顺序，分别对各个制动管路进行排气。

5. 制动性能检测

1）操作举升机，将车辆举升至车轮离开地面适当的高度，并进行安全锁止，如图3-130所示。

2）甲同学进入驾驶室，彻底放松驻车制动器操纵杆，用力踩下制动踏板并保持制动位置。

3）乙同学用力转动前轮或后轮，如前轮或后轮均不能转动，说明制动性能良好，如图 3-131 所示。

图 3-130　将车辆举升至适当高度　　　　图 3-131　检查车轮制动性能

4）乙同学操作举升机，将车辆降落到地面。

5）在条件允许的情况下，对车辆进行道路试验，检查汽车的制动距离、滑移率等性能参数。

6）操作完毕后整理工具和设备，并清洁场地。

实训数据记录			
姓名		班级	
学号		指导教师	
组员			
汽车 VIN 码			
汽车品牌		车型、年份	里程
工具选择			
实训流程、数据记录、结果分析			

实践反思

自评、互评、教师点评表

姓名		班级		学号		指导教师		组别	
评分项目		评分内容				分值	个人评分	小组评分	教师评分
工具、场地准备		场地干净整洁，符合作业要求				5			
工具、场地准备		通用及专用工具准备齐全、正确				5			
专业知识学习		学习态度端正，认真积极				5			
工具、设备选择与使用		检测与维修工具、设备选择正确、合适				5			
工具、设备选择与使用		工具、设备使用正确，操作规范				10			
操作实施		按照要求实施操作				25			
操作实施		操作正确、有序				10			
操作实施		零部件拆装无破损				5			
总结报告		数据记录完整，符合实际情况				5			
总结报告		实训报告客观、务实				5			
团队协作能力		小组成员分工明确				5			
团队协作能力		团队协作，共同完成实训操作				5			
安全		安全操作，未出现人身危险情况				5			
安全		工具、设备使用安全，未损坏				5			
总分						100			

组长： 日期：

任务 11　制冷剂加注、回收

一、学习目标

1. 掌握汽车空调制冷剂回收、加注设备的正确使用方法
2. 会根据汽车空调制冷剂回收、加注工艺对制冷剂进行回收和加注
3. 会对汽车空调的制冷性能进行检验

二、学习任务

学习点 01
汽车空调制冷剂回收、加注工艺过程及流程

1. 制冷剂回收作业

制冷剂回收作业执行五个工艺过程的操作：
1）回收作业准备。
2）制冷剂回收原则判定。
3）制冷剂类型鉴别和纯度检测。
4）制冷剂回收操作。
5）完成回收作业。

微课视频
汽车空调制冷系统的组成和工作原理

2. 制冷剂净化作业

制冷剂净化作业执行四个工艺过程的操作：
1）净化作业准备。
2）纯度指标检测。
3）制冷剂净化操作。
4）完成净化作业。

微课视频
制冷剂的回收与加注

3. 制冷剂加注作业

制冷剂加注作业执行八个工艺过程的操作：
1）加注作业准备。
2）检漏。
3）视情清洗。
4）抽真空。
5）补充冷冻机油。
6）加注制冷剂。

7）检验。

8）完成加注作业。

制冷剂回收作业、制冷剂净化作业和制冷剂加注作业按图 3-132 所示的工艺流程进行。可根据作业的需要，按作业项目独立操作或连续操作。

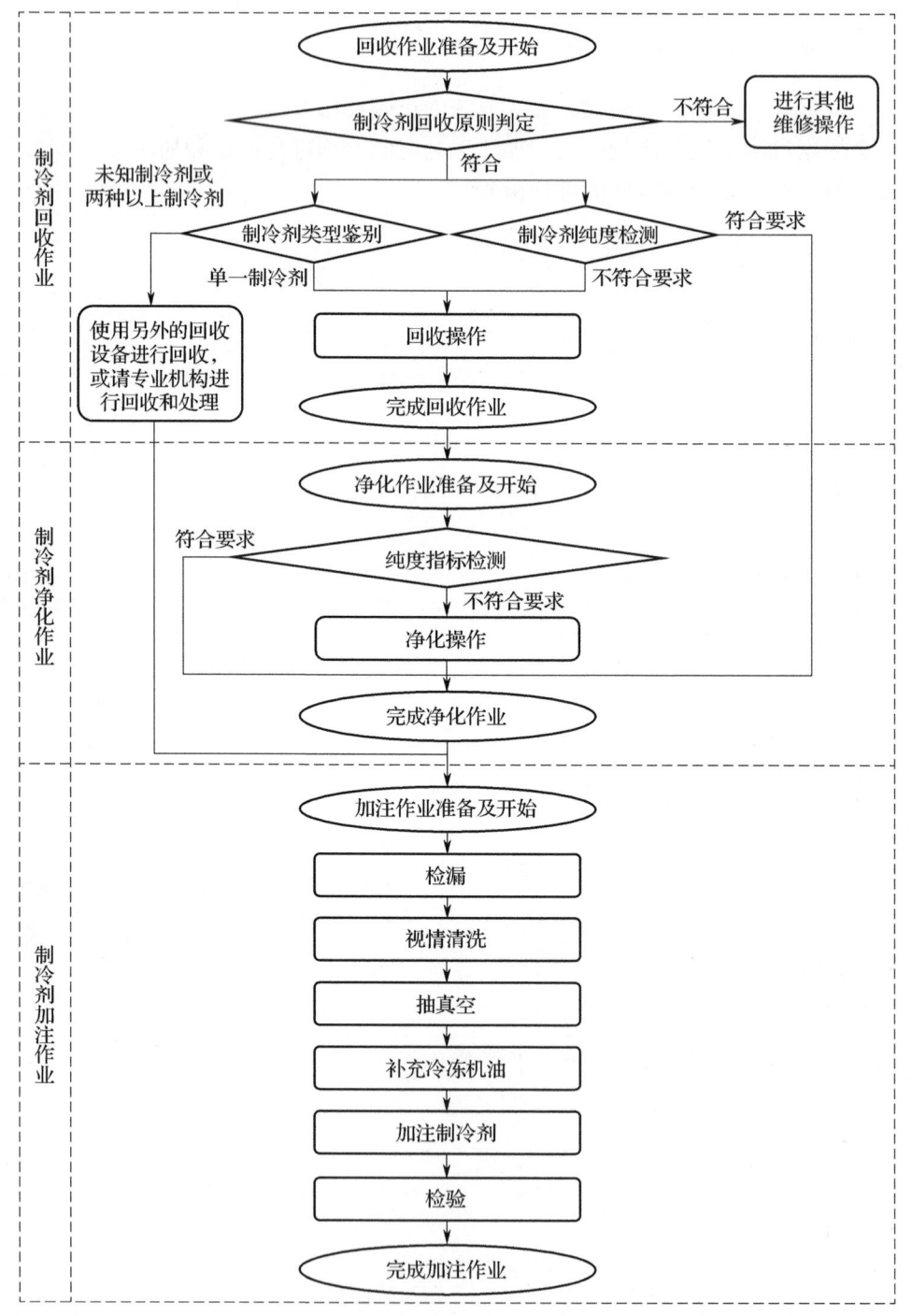

图 3-132　制冷剂回收、净化和加注作业流程

学习点 02
汽车空调制冷剂回收、加注工艺的要求有哪些

1. 制冷剂回收作业

1）制冷剂回收原则：在汽车维修过程中，凡涉及制冷剂循环系统的作业，在维修前，均应对制冷装置中的制冷剂进行回收。例如，更换汽车空调的冷凝器、压缩机、干燥器等，在更换前都要对汽车空调制冷系统中的制冷剂进行回收。

2）制冷剂检测：制冷剂回收、净化、加注设备与制冷装置连接前，应进行制冷剂类型的鉴别和纯度的检测。

①制冷剂类型的鉴别和纯度检测的方法有以下几种：

a. 查阅《车辆使用手册》，确认制冷装置规定的制冷剂类型（一般为 R-134a）。

b. 检查汽车发动机舱内的空调系统标识、标牌或标签，查看压缩机、膨胀阀等部件上的标牌或标识，确认制冷装置规定的制冷剂类型。

c. 按步骤 a. 或 b. 做初步判别后，还应采用制冷剂鉴别设备检测制冷装置中制冷剂的类型，确认是否与其规定的制冷剂类型一致。

②纯度检测：采用制冷剂鉴别设备对制冷装置中的制冷剂纯度进行检测。

3）制冷剂检测结果。根据制冷剂的检测结果确定作业方式：

①制冷装置中存在一种制冷剂，且与制冷装置规定的制冷剂类型相符，应进行回收。纯度低于 96%（质量分数，后同）时，应进行净化。

②制冷装置中存在一种制冷剂，但与制冷装置规定的制冷剂类型不符，应进行回收。纯度低于 96% 时，应进行净化。

③制冷装置中存在"未知制冷剂"或两种以上类型的制冷剂，表明制冷装置中是多种制冷剂的混合物。在该情况下，不应使用作业用的回收、净化、加注设备进行操作，应采用另外的制冷剂回收设备进行回收，或请专业机构进行回收和处理。

4）制冷剂回收操作

①起动汽车空调制冷装置运行 3~5min。

②采用回收、净化、加注设备进行制冷剂回收，按设备使用手册进行管路连接及操作。回收前，应将软管中的空气排尽。

③按设备的操作提示结束回收操作。

> **提示：** 对汽车空调制冷剂回收的一些注意事项如下。
> ①回收、净化、加注设备的适用介质应与所回收的制冷剂类型一致。
> ②不应采用单系统的回收、净化、加注设备对两种或两种以上类型的制冷剂进行回收。
> ③按制冷剂的类型分类回收，不应将不同型号的制冷剂混装在一个储液罐中。

④回收时，储液罐内的制冷剂质量应不超过罐体标称装罐质量的80%。
⑤不应自行维修制冷剂储液罐阀门和储液罐。
⑥因被污染或其他原因不能确定其成分而不能净化利用的制冷剂，应用带有文字标识的储液罐储存，不应排放到大气中。

2. 制冷剂净化作业

1）纯度指标检测：根据制冷剂检测结果，制冷剂纯度低于96%时，在完成回收操作后，应再次采用制冷剂鉴别设备检测已回收到储液罐中的制冷剂纯度。当纯度仍低于96%时，应按净化操作的要求进行净化操作；当纯度不低于96%时，可不执行净化操作过程。

2）制冷剂净化操作

①采用回收、净化、加注设备进行制冷剂的净化，具体操作参见设备使用手册。
②如设备功能允许，制冷剂净化操作可与抽真空操作同步进行。
③当制冷剂纯度不低于96%时，可结束净化过程。
④完成制冷剂净化操作后，应将分离出来的冷冻机油排入排油壶中，并进行计量。工作在自动模式下的设备，将自动完成排冷冻机油过程，半自动或手动型设备需要人工干预操作。

> **提示**：对汽车空调制冷剂净化的一些注意事项如下。
> ①如制冷剂的回收与净化是连续的操作，在回收操作完成后，应尽快进行纯度指标检测，以保证检测结果的准确性。
> ②制冷剂的净化是对回收的制冷剂进行循环过滤，去除其中的非凝性气体、油、水、酸和其他杂质，使其能够重新利用的过程，净化操作过程应最大限度地排除上述物质。
> ③制冷剂在回收过程中已完成一次净化循环，为提高净化效果，在制冷剂回收过程全部结束后，如纯度仍低于96%，应再次对回收的制冷剂进行净化循环，并使之达到纯度要求。
> ④制冷剂净化过程所需时间的长短，取决于回收的制冷剂中水分等杂质的含量及净化装置的吸收（干燥）能力，应按设备养护要求，定期更换干燥过滤器等相关部件。
> ⑤按照环境保护的相关法规处理被分离的废冷冻机油。

3. 制冷剂加注作业

1）汽车空调制冷系统检漏：在加注汽车空调制冷剂之前，要对汽车空调制冷系统进行检漏，在确保系统不漏的情况下才能进行抽真空后加注制冷剂。常见的检漏可分为真空检漏和微小泄漏量检漏。

①真空检漏。起动回收、净化、加注设备的真空泵，抽真空至系统真空度低于-90kPa。关闭歧管压力表阀门，停止抽真空，并保持真空度至少15min，检查压力

表示值变化：

　　a. 如压力未回升，继续按要求进行微小泄漏量的检查。

　　b. 如压力回升，则继续抽真空，如累计抽真空时间超过 30min，压力仍回升，则可以判定制冷装置有泄漏，应检修制冷装置，并重复进行真空检漏的操作。

　　②微小泄漏量检漏。选择以下适宜的方法进行微小泄漏量的检漏。

　　a. 电子检漏：制冷装置中充入 0.5~1.5MPa 的氮气或 0.35~0.5MPa 的制冷剂（以检漏设备要求的介质压力为准），采用相应的制冷剂检漏设备进行检漏，应反复检查 2~3 次。

　　b. 加压检漏：用加压设备在制冷装置中充入 1.5MPa 的氮气，保持压力 1h，如压力表示值下降，则说明制冷装置存在泄漏，应在各接头处和可疑位置涂抹肥皂水作进一步检查。

　　c. 荧光检漏：制冷装置中充入含有荧光剂的制冷剂，运行 10~15min 后，用紫外线灯照射各接头处和可疑位置，如有黄绿色或蓝色荧光，证明该处存在泄漏。

　　③补漏。通过检漏操作确定泄漏点后，应进行补漏，并按要求重复进行微小泄漏量检漏，直到确认制冷装置无泄漏。

> **提示**：对汽车空调制冷系统检漏的一些注意事项如下。
> ①检漏前，应清洗检测部位的污物和结霜，防止阻塞制冷剂检漏设备探头。
> ②检漏时，应重点检查以下部位：
> 　　a. 制冷装置的主要连接部位，如管接头及喇叭口、连接件、三通阀、压缩机轴封、软管表面、维修阀及充注口等。
> 　　b. 拆装或维修过的部件的连接部位。
> 　　c. 压缩机的轴封、密封件和维修阀。
> 　　d. 冷凝器和蒸发器被划伤的部位。
> 　　e. 软管易摩擦的部位。
> 　　f. 有油迹处。
> ③使用制冷剂检漏设备进行检漏时，其探头不应直接接触元器件或接头，而应置于检测部位的下部。
> ④应定期检查检漏设备的灵敏性。
> ⑤不宜使用卤素检漏设备进行检漏。

　　2）汽车空调制冷系统清洗：在对汽车空调制冷剂进行检测时，如果检测的结果不符合要求，即不是单一制冷剂，或者虽然是单一制冷剂但类型与原车要求不一致等，都要对汽车空调制冷系统进行清洗。

　　清洗汽车空调制冷系统，一般采用回收、净化、加注设备或其他适宜的设备进行制冷装置内部清洗。

> 提示：对汽车空调制冷系统清洗的一些注意事项如下。
> ① 应使用清洁、环保的清洗剂。
> ② 不应使用 CFC-12、HFC-134a 等制冷剂对制冷装置进行开放性清洗。

3）汽车空调制冷系统抽真空：抽真空前，检查压力表示值，制冷装置中的压力应低于 70kPa，如超过该压力，应重新进行回收操作，直到压力达到要求。

① 抽真空至系统真空度低于 -90kPa。

② 在达到要求的真空度时，应继续抽真空操作，持续时间应不少于 15min，以充分排除制冷装置中的水分。大型车辆及空调管路较长的车辆，抽真空时间可适当延长。

> 提示：对汽车空调制冷系统抽真空的一些注意事项如下。
> ① 不应采用回收、净化、加注设备的压缩机进行抽真空作业。
> ② 当回收、净化、加注设备工作在全自动模式时，应根据湿度等具体情况和需要，预设抽真空的持续时间并检查系统真空度是否符合要求。

4）汽车空调制冷系统补充冷冻机油：汽车空调制冷系统运行时，冷冻机油跟制冷剂混合在一起，随着制冷剂一起在整个系统中循环运行。如对制冷剂进行回收，也会将一定量的冷冻机油回收出来。所以在对汽车空调制冷系统制冷剂进行回收、抽空、加注时，都要补充一定量的冷冻机油。

① 在加注制冷剂前，应补充冷冻机油，建议的补充量为：制冷剂净化时的排出量 +20mL。

② 采用回收、净化、加注设备进行冷冻机油的补充，具体操作参见设备使用手册。

> 提示：对汽车空调制冷系统补充冷冻机油的一些注意事项如下。
> ① 冷冻机油的种类应符合制冷装置的规定。
> ② 不应过量补充冷冻机油。
> ③ 补充冷冻机油时，制冷装置应处于真空状态。当制冷装置中存有高压时，不应打开注油阀。

5）汽车空调制冷系统加注制冷剂

① 查阅《车辆使用手册》，确认制冷装置的制冷剂的类型及加注量。

② 检查制冷剂储液罐中制冷剂的量，不足 3kg 时，应予以补充。

③ 按设备使用手册进行管路连接及操作。

④ 按设备提示结束加注作业。

> 提示：对汽车空调制冷系统加注制冷剂的一些注意事项如下。
> ① 加注时，应确保储液罐中的制冷剂不少于 3kg，以保持足够的充注压力。
> ② 应按制冷装置要求的加注量定量加注。

③ 制冷剂的加注是在制冷剂储液罐与制冷装置间的压差下进行。高压端加注时，应关闭发动机（压缩机停止运转），防止制冷剂储液罐压力过高；不建议采用低压端加注，以避免产生"液击"现象，损坏压缩机。

④ 完成制冷剂加注，断开设备与制冷装置的连接后，用检漏设备检测加注阀处有无泄漏。

学习点 03
汽车空调制冷效果检验的方法

完成制冷剂加注作业后，应进行检验。在制冷装置工作状态下，用检漏设备检测加注阀处有无泄漏。制冷装置高、低压侧压力及空调出风口温度的检测，应根据汽车制造厂商的要求进行。可参照以下方法：

1）车辆停放在阴凉处，将干湿球温度计放置在空调进风口位置。

2）打开车窗、车门。

3）打开发动机舱盖。

4）打开所有空调出风口，调节到全开状态。

5）设置空调控制器：

——外循环位置；

——强冷；

——A/C 开；

——风机转速最高（HI）；

——若是自动空调应设为手动，并将温度设定为最低值。

6）将温度计探头放置在空调出风口内 50mm 处。

7）起动发动机，将发动机转速控制在 1500~2000r/min，使压力表指针稳定。

8）待温度计显示数值趋于稳定后，读取压力表和温度计的显示值，将所测得的高、低侧压力、相对湿度、空调进风温度、出风温度与汽车制造商提供的空调性能参数或图表上的参数比较。如压力表、温度计显示的高、低侧压力和空调出风温度不在规定的范围内，应对制冷装置作进一步的诊断和检修。

学习点 04
制冷剂的储存及制冷剂的处理方法

1. 制冷剂的储存

1）制冷剂储液罐应竖直向上放置，不应倾斜或倒置。

2）制冷剂储液罐应分类分区储存，标识明显清晰，存放场地应保持阴凉、干燥、通风。

3）制冷剂储液罐的存放温度不应超过 50℃。

2. 制冷剂的处理

汽车维修企业对不能进行净化再利用的废制冷剂应妥善回收存放，并集中由专门机构进行无害化处理。

三、课后拓展

1. 汽车空调采用加注机加注制冷剂时，为什么要采用高压单管加注？

2. 在回收汽车空调制冷剂后，重新加注制冷剂之前为什么要补充冷冻机油？补充冷冻机油的量是多少？

3. 为什么汽车空调加注制冷剂后，2min 内不能起动发动机运行空调制冷系统？

四、任务实施

	作业前的准备
（1）防护五件套（转向盘套、变速杆套、地板垫、座椅套和驻车制动器操纵杆套）	
（2）实训轿车	
（3）清洁工位，将实训车辆停放在合理位置	
（4）安装五件套	
（5）拉紧驻车制动器或将档位置于P位	

制冷剂回收、加注流程。

1. 制冷剂、冷冻机油回收

1）回收前，将汽车空调制冷系统运行 3~5min，并将空调控制面板设置为外循环，鼓风机风速调至最大，温度设置为最低，风向设置为吹头。这样做的目的是最大限度地将汽车空调制冷系统中的制冷剂回收彻底。

2）查询该车制冷剂规定加注量。车辆制冷剂的规定加注量可从维修手册上或者从汽车空调铭牌上获取。

3）进行管路连接，将高、低压快速接头正确连接至制冷系统的检测接口，如图 3-133 所示。

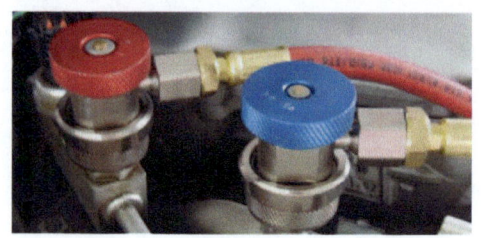

图 3-133　正确连接高、低压接口

4）打开制冷剂回收加注机高、低压阀门，如图 3-134 所示。

图 3-134　打开制冷剂回收阀门

5）按下制冷剂回收加注机操作面板上的"开始/确认"键后，制冷剂回收加注机自动进行管路清洁，如图 3-135 所示。

6）制冷剂回收加注机管路清洁完毕后，自动进入制冷剂正在回收界面，同时屏幕上显示回收量，如图 3-136 所示。

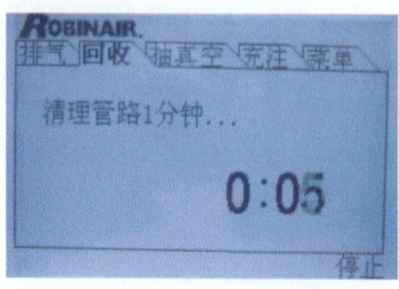

图 3-135　清洁制冷剂管路

图 3-136　制冷剂回收显示

7）注意：在回收过程中，应不断地观察压力表指针。当压力到达负压时，压缩机抽真空，应及时按"取消"键，停止回收，防止损坏回收机中的压缩机，如图3-137所示。

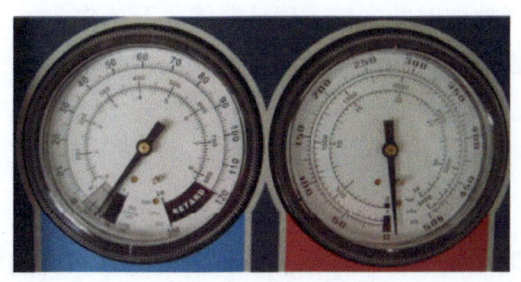

图3-137　检查压力表示值

8）汽车空调制冷剂回收完成后，制冷剂回收加注机会显示制冷剂回收量，并提示排出废冷冻机油的操作，如图3-138所示。

9）提示：在排出废冷冻机油前，要记录制冷剂回收加注机和废油瓶的液面刻度，如图3-139所示。

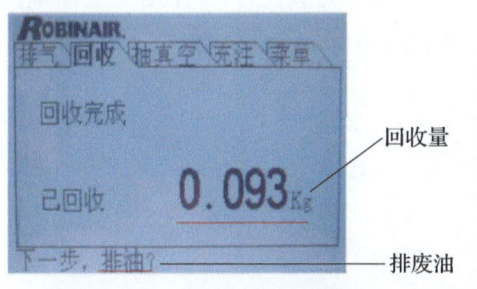

图3-138　空调制冷剂回收完成

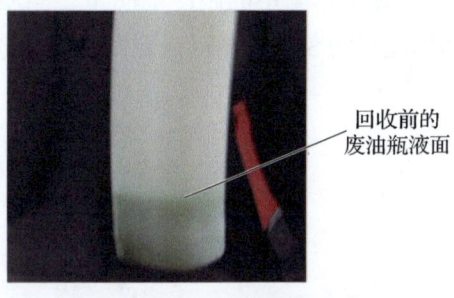

图3-139　记录废油瓶液面刻度

10）按下制冷剂回收加注机操作面板上的"开始/确认"键后，制冷剂回收加注机自动进行排废冷冻机油操作，排完废冷冻机油后自动进入抽真空提示界面。

11）关闭制冷剂回收加注机操作面板上的高低压阀门。

✅提示：等待一段时间，废油瓶内无气泡后，查看废油瓶液面并记录，计算出排出的冷冻机油量（废油）。冷冻机油回收量为回收后的液面刻度减去回收前的液面刻度。按制冷剂回收加注机操作面板上的"退出"键，直到屏幕显示开机时的界面，记录此时工作罐回收制冷剂后的制冷剂净重。那么，实际制冷剂回收量为工作罐回收制冷剂后的制冷剂净重，减去工作罐回收制冷剂前的制冷剂净重。

2. 抽真空

1）抽真空前，检查压力表示值，制冷装置中的压力应低于70kPa。如超过该压力，应重新进行回收操作，直到压力达到要求。注意保护仪器中的真空泵不因压差太大而损坏。

2）按"抽真空"键，仪器抽真空。

3）按数字键，选择抽取时间，按"确认"键，开始作业。

4）打开制冷剂回收加注机面板上的高低压阀门。

5）抽真空至系统真空度低于 -90kPa，继续抽真空操作，持续时间应不少于15min，以充分排除制冷装置中的水分。

3. 加注冷冻机油

1）从制冷剂回收加注机上拆下注油瓶，将适量的冷冻机油加入注油瓶内。加完冷冻机油后将注油瓶装复。

2）采用单管加注，关闭低压阀（防止冷冻机油进入压缩机），打开高压阀。

3）在加注过程中，必须一直观察注油瓶内的液面，达到补充量后及时按"确认"键，暂停加注冷冻机油，确认加注量达到要求后，按"取消"键结束加注冷冻机油。

4. 加注制冷剂

1）检查工作罐中的制冷剂质量，当质量不足 3kg 时，应予以补充（工作罐内制冷剂达到加注量的 3 倍，即可满足加注要求），如图 3-140 所示。

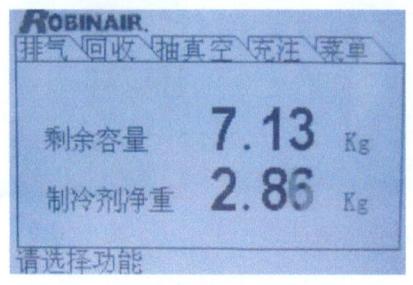

图 3-140　检查制冷剂质量

2）根据界面要求，采用单管加注，关闭低压阀（防止液态制冷剂进入压缩机），逆时针旋转低压快速接头（防止加注的制冷剂从低压检测口出来），打开高压阀，并按下制冷剂回收加注机面板上的"确认"键。

3）加注结束后，根据界面显示，逆时针旋转高压快速接头，将加注管与制冷系统断开，准备对管路清洁。

4）仪器对管路清洁后，按"确认"键退出。关闭阀门并取下高低压快速接头。

5）打扫整理现场。

实训数据记录				
姓名		班级		
学号		指导教师		
组员				
汽车 VIN 码				
汽车品牌		车型、年份		里程
工具选择				
实训流程、数据记录、结果分析				

实践反思

自评、互评、教师点评表

姓名		班级		学号		指导教师		组别	
评分项目		评分内容				分值	个人评分	小组评分	教师评分
工具、场地准备		场地干净整洁，符合作业要求				5			
工具、场地准备		通用及专用工具准备齐全、正确				5			
专业知识学习		学习态度端正，认真积极				5			
工具、设备选择与使用		检测与维修工具、设备选择正确、合适				5			
工具、设备选择与使用		工具、设备使用正确，操作规范				10			
操作实施		按照要求实施操作				25			
操作实施		操作正确、有序				10			
操作实施		零部件拆装无破损				5			
总结报告		数据记录完整，符合实际情况				5			
总结报告		实训报告客观、务实				5			
团队协作能力		小组成员分工明确				5			
团队协作能力		团队协作，共同完成实训操作				5			
安全		安全操作，未出现人身危险情况				5			
安全		工具、设备使用安全，未损坏				5			
总分						100			
组长：						日期：			

项目 4
新能源汽车保养

任务 1　动力电池外部检查与维护

一、学习目标

1. 了解动力电池的类型、特点和相关性能
2. 了解动力电池总成外部的结构和特性
3. 掌握动力电池总成外部的检查与维护方法

二、学习任务

学习点 01　动力电池分类

目前，动力电池占了新能源汽车成本的 30%~50%。电动汽车动力电池的种类主要有铅酸蓄电池、镍镉电池和镍氢电池、锂离子电池、石墨烯电池，其中石墨烯电池还处在实验室研究阶段，其优良的快速充放电性能引起了产业界的关注。各种动力电池性能对比见表 4-1。

表 4-1　各种动力电池性能对比

电池类型	能量效率（%）	能量密度/（W·h/kg）	循环寿命
铅酸蓄电池	80	35~50	500~1000
镍镉电池	75	35~50	1000~2000
镍氢电池	70	60~80	1000~1500
锂离子电池	90	100~200	1500~3000

1. 铅酸蓄电池

铅酸蓄电池（Lead-acid Battery）是当前所有重要的蓄电池技术系统中，历史最长的可充电蓄电池系统。铅酸蓄电池具有比较成熟的技术，成本较低，而且能够高倍率放电，所以依然可作为大批量生产的电动汽车的动力电池。北京奥运会期间，有 20 辆使用铅酸蓄电池的电动汽车为奥运会提供交通服务；但铅酸蓄电池的比能量、比功率和能量密度都相对较低，以此为动力源的电动汽车不可能拥有良好的车速和续驶里程。

2. 镍镉电池和镍氢电池

镍镉电池和镍氢电池虽然性能好于铅酸蓄电池，但含有重金属元素，遗弃后会对

环境造成污染。在锂离子电池未广泛应用之前，较早期的混合动力车型多半使用镍氢电池（Ni-MH），即使它已经逐渐被锂离子电池取代，到现在还是有不少混合动力车型在使用这种类型的电池，它的商业化代表车型是丰田普锐斯。但是，随着锂离子电池的快速发展，其优越的性能全面超越镍氢电池，因此在电动汽车领域，镍氢电池逐渐被锂离子电池所取代，丰田的第四代普锐斯已经开始采用锂离子电池，其他采用镍氢电池的混合动力车型和纯电动车型也已经基本停产，或采用锂离子电池来替代镍氢电池。

3. 锂离子电池

传统的铅酸蓄电池、镍镉电池和镍氢电池本身技术比较成熟，但它们用在汽车上作为动力电池则存在诸多问题。目前，越来越多的汽车厂家选择采用锂离子电池作为新能源汽车的动力电池。这是因为锂离子动力电池具备以下优点。

1）工作电压高（是镍氢电池的 3 倍）。
2）比能量大（可达 100~200W·h/kg，是镍氢电池的 3 倍）。
3）体积小、质量小、循环寿命长。
4）自放电率低、无记忆效应、无污染等。

当前许多知名的汽车制造商都致力于开发锂离子电池电动汽车，而国内汽车制造企业也在自己的混合动力汽车和纯电动汽车中搭载锂离子电池。锂离子电池相对其他电池在性能方面的优势比较明显，因此锂离子电池是目前各大电池生产企业大力发展的目标。

阻碍锂离子电池发展的瓶颈是安全性能和汽车动力电池的管理系统。在安全性能方面，由于锂离子电池的能量密度大、工作温度高、工作环境恶劣等原因，电池的安全性、稳定性难以满足用户的要求；在汽车动力电池的管理系统方面，由于纯电动汽车动力电池的工作电压一般都超过100V，而单个锂离子电池的工作电压仅3.7V（三元锂离子电池），所以必须用多个电池串联来提高电压；但电池数量众多则难以做到完全均一地充、放电，导致串联的多个电池组内的单个电池会出现充、放电不平衡的状况，电池会出现充电不足和过放电现象，这种状况会导致电池性能的急剧恶化，最终导致整组电池无法正常工作，甚至报废，从而大大影响电池的使用寿命和可靠性能。

学习点 02
锂离子电池的分类

锂离子电池的分类方式如下。

1. 按照外壳和外形分类

锂离子电池按照外壳的不同分为软包和硬壳两种，硬壳锂离子电池采用钢壳或者铝壳，一般又分为圆柱形和方形两种，如图 4-1 所示。软包锂离子电池外包装一般采用铝塑膜，其实软包也是一种方形锂离子电池，人们一般把铝塑膜包装的锂离子电池称为软包锂离子电池，也有人把软包锂离子电池称为聚合物锂离子电池。

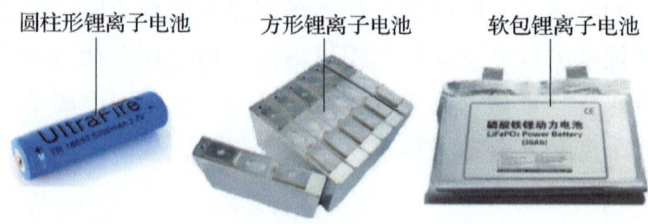

图 4-1　锂离子电池的分类

目前，国内条形硬壳锂离子电池的装机量占比过半，圆柱形和方形软包锂离子电池装机量各占整个市场的 25% 左右。不同的封装结构意味着不同的特性，不同封装类型锂离子电池的优、缺点对比见表 4-2。

表 4-2　不同封装类型锂离子电池的优、缺点对比

封装形式	优点	缺点
圆柱形	工艺成熟、组装成本低、成品率高、一致性好、便于各种组合	质量大、比能量低、热量难释放、安全性能不好
方形	硬度高、质量小、散热好、易于组成模组，含防爆阀，安全性能较好	型号太多，尺寸变化需开模，成本较高
软包	比能量高、尺寸变化灵活、成本低，循环性能好、安全性好	机械强度差、封口工艺较难，模组结构复杂，散热性差

1）圆柱形锂离子电池。目前中国、日本、韩国等都有成熟的生产企业在生产这种电池，特斯拉目前采用的 18650 电池、21700 电池就是圆柱形锂离子电池（18650 代表直径 18mm、长度 65mm，21700 代表直径 21mm、长度 70mm）。

2）方形锂离子电池。其壳体多为铝合金、不锈钢等材料，内部采用卷绕式或叠片式工艺，对电芯的保护作用优于铝塑膜锂离子电池（即软包电池），电芯安全性能比圆柱形锂离子电池好。

2. 按照正极材料分类

按照正极材料的不同，锂离子电池分为磷酸铁锂离子电池、三元锂离子电池、锰酸锂离子电池、钛酸锂离子电池和钴酸锂离子电池，前四种电池的性能对比见表 4-3。目前市场上已经商业化的动力锂离子电池主要包括磷酸铁锂离子电池、三元锂离子电池、锰酸锂离子电池和钛酸锂离子电池等，我国市场目前以磷酸铁锂离子电池和三元锂离子电池为主。

表 4-3　不同正极材料锂离子电池的性能对比

正极材料	钛酸锂	锰酸锂	磷酸铁锂	三元锂
能量密度理论极限/（W·h/kg）	80	100	170	280
标称电压/V	2.2	3.7	3.3	3.7
循环寿命/次	10000	60~1000	2000~3000	2000
安全性	好	较好	好	较差
成本	最高	最低	较低	高

1）磷酸铁锂离子电池。磷酸铁锂离子电池是目前国内电动汽车较多采用的锂离子动力电池之一，其优点如下。

①安全性能好。可以在390℃以内的高温下保持稳定，不会因过充电、温度过高、短路、撞击而产生爆炸或燃烧，可以轻松通过针刺实验。

正因如此，2020年比亚迪推出刀片电池（刀片型磷酸铁锂电池），如图4-2所示。传统电池包内部结构由多个电芯（Cell）构成的电池模组（Module），通过螺栓固定到带有横梁和纵梁的外壳上，形成电池包（Pack）。这种集成设计中，横梁和纵梁占用了可观的空间，且螺栓等附件增加了电池的重量，限制了电池包总容量和能量密度的提升，如图4-2a所示。为充分利用车身底部有限的空间，提升电池包的容量，采用了如图4-2b所示的CTP（Cell To Pack）的结构设计（刀片电池单体厚度不到2cm、宽度10cm左右、长度100cm，单体电池额定电压3.34V，容量超过100A·h），把电芯以阵列方式直接装到电池包壳体内（省略了把电芯组装成模组），这种设计在保持电池包强度的前提下省去了横梁、纵梁以及各种螺栓等附件，提升了电池包壳体内的空间利用率，实现了电池包总容量和能量密度的提升。相较于传统电池包，搭载刀片电池的电池包将空间利用率提升了50%。

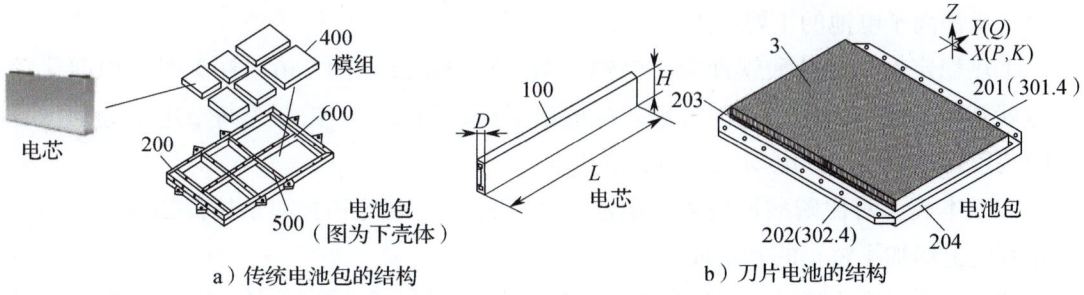

a）传统电池包的结构　　b）刀片电池的结构

图4-2　比亚迪刀片电池与传统电池包结构对比

②循环使用寿命较长。磷酸铁锂离子电池理论循环使用寿命为2000～3000次，装车正常可以使用到7~8年。实验显示，经过3000次0~100%的充放电使用，它的容量也才会衰减到初始容量的80%。

③热稳定性好。当磷酸铁锂离子电池温度处于500~600℃高温时，其内部化学成分才开始分解。

磷酸铁锂离子电池的主要缺点：

①能量密度较低。磷酸铁锂离子电池能量密度理论极限为170W·h/kg，组成动力电池系统时的能量密度在100W·h/kg左右，与三元锂离子电池相比有不小的差距，这对整车的续驶里程有一定影响。

②电池容量较小。同样的电池容量，磷酸铁锂电池的质量更大、体积更大，这也影响了电动汽车的续驶里程。

③低温充放电性能较差。在低温时充电对电池寿命有极大的影响，低温放电容量及放电功率也有所下降，因此冬季低温时整车会出现续驶里程低及动力性下降的现象。

此外，磷酸铁锂离子电池平整的放电平台也给电池荷电状态（SOC）估算带来了困难。

2）三元锂离子电池。三元锂离子电池是指正极材料使用镍钴锰酸锂［Li(NiCoMnO)］三元正极材料的锂离子电池。

三元锂离子电池的优点：

①能量密度高。三元锂离子电池的理论能量密度达280W·h/kg。目前，多数动力电池厂家生产的三元锂离子电池的能量密度已经达到了200W·h/kg，预计随着电池技术的发展，三元锂离子电池的能量密度会进一步提高。因此，在同样的能量下，三元锂离子电池系统的质量更小，体积更小，使得整车的续驶里程可以大幅提升。

②与磷酸铁锂离子电池相比，三元锂离子电池放电倍率高、一致性好、SOC估算简便。

③低温性能好。动力电池系统可实现-20℃直接充电，大幅缩短了冬季充电时间。

三元锂离子电池的主要缺点：

①热稳定性不如磷酸铁锂离子电池，当其自身温度达到250~350℃时，内部化学成分就开始分解。因此对电池管理系统提出了极高的要求，需要为每节电池分别加装保险装置，这就会加大电动汽车的经济成本。

②成本高。对比磷酸铁锂离子电池，三元锂离子电池每瓦时价格高出30%左右，一定程度上增加了整车的制造成本。

③安全性相较磷酸铁锂离子电池要差。三元锂离子电池所用材料的脱氧温度是200℃，放热能量超过800J/g，并且无法通过针刺实验，这就表明了三元锂离子电池在内部短路、电池外壳损坏的情况下，很容易引发燃烧、爆炸等安全事故。

④循环使用寿命短。三元锂离子电池材料本身的性质，导致三元锂离子电池在循环使用寿命上相对较短。三元锂离子电池的理论循环使用寿命是 2000 次，但在实际使用中，当进行完 900 次的深度充放电循环后，电池容量基本上就衰减到了 55%。若将电池充放电深度都控制在 0~50%，即使经过 3000 次的充放电循环，电池容量基本上还能够保持在 70% 左右，但这需要设计非常先进的电池管理系统。

3）锰酸锂离子电池。锰酸锂离子电池标称电压达到 3.7V，能量密度中等，由于锰元素储量高，资源丰富，生产制造锰酸锂离子电池的成本也较低，同时锰酸锂离子电池的安全性较好，在第一代车用动力电池中被广泛使用。但因它的能量密度不高、循环寿命衰减较快、容易发生鼓胀、高温性能较差、寿命相对较短等缺点，现已逐渐退出车用动力电池应用市场。

4）钛酸锂离子电池。钛酸锂离子电池快充性能好，放电倍率大，循环寿命长，安全性能好，低温性能好，但因能量密度低，成本高，仅在个别电动客车上使用，如银隆电动客车。

学习点 03
动力电池箱结构认知

动力电池箱是支撑、固定和包围动力电池系统的组件，起到承载和保护动力电池组与内部电器元件的作用，主要包括上盖和下箱体，还有辅助元器件，如密封条、电气元件、插接件、连接螺栓、动力电池标志等，动力电池箱体结构示意图如图 4-3 所示。

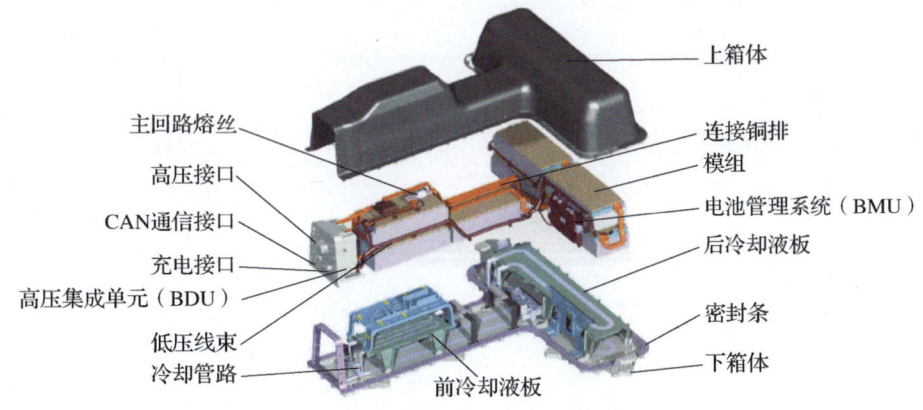

图 4-3　动力电池箱体结构示意图

三、课后拓展

1. 简述镍氢电池、磷酸铁锂离子电池、三元锂离子电池、钛酸锂离子电池等各种电池的优、缺点。

2. 简述动力电池外部检查项目及注意事项。

四、任务实施

1. 作业前准备

图例	内容	完成情况		
安全帽 护目镜 绝缘鞋 绝缘手套	作业前现场环境检查	规范着装（ ） 拉设安全围挡（ ） 放置安全警示牌（ ） 检查灭火器（ ） 检查测量终端状态（ ） 铺设防护四件套（ ）		
 安全帽  护目镜 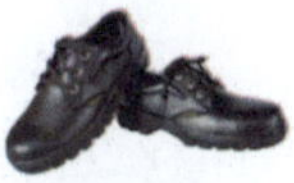 绝缘鞋 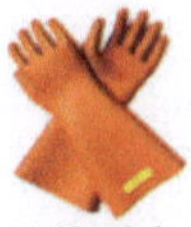 绝缘手套	防护用具检查	检查绝缘手套（ ） 检查护目镜（ ） 检查安全帽（ ） 检查绝缘鞋（ ）		
 故障诊断仪 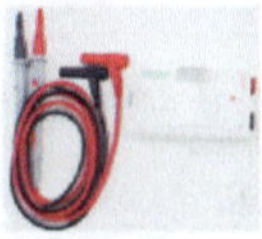 放电工装  万用表  绝缘测试仪	仪表、工具准备	检查万用表、绝缘测试仪是否正常（ ） 检查故障诊断仪是否正常（ ） 检查绝缘工具是否齐全、正常（ ） 检查放电工装是否正常（ ） 检查维修手册、电路图是否完备（ ）		
	测量绝缘地垫绝缘电阻值	测量值	标准值	判断
		___MΩ	>20MΩ	正常（ ） 异常（ ）

2. 检查维护步骤

1）动力电池总成外部检查流程图如图 4-4 所示。

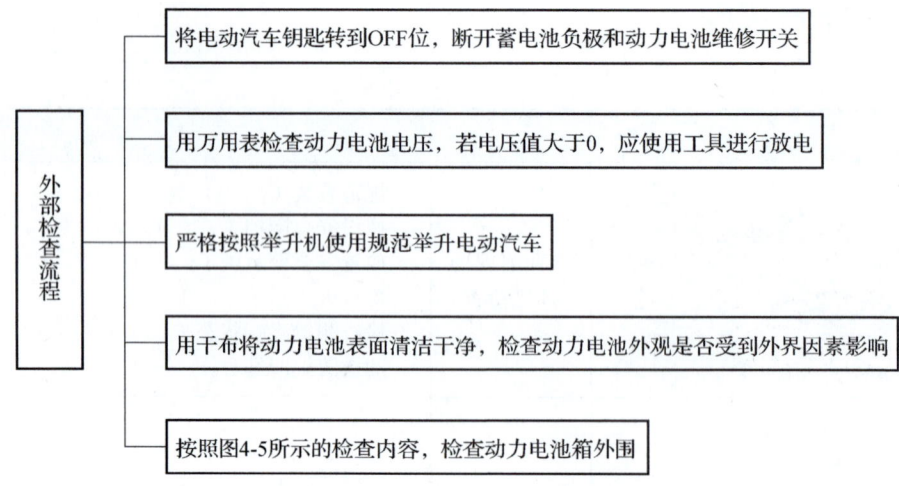

图4-4 动力电池外部检查流程图

2）动力电池箱外围保养内容如图4-5所示。

图4-5 动力电池箱外围保养内容

3）检查与维护动力电池箱之前应先断开高、低压电，断电流程如下。

①关闭点火开关，拔下汽车钥匙，如图4-6所示。

> **注意**：当仪表显示READY时，高压通电，此时切勿拆卸高压部件，否则有触电危险，因此在检查或维护动力电池箱之前，要确保拔下汽车钥匙，自行收好，并在车上放置工作牌。

②拆下低压蓄电池负极，使用绝缘胶带包好，断开整车低压控制电源，如图4-7所示。

由于电动汽车采用了高压互锁装置，即断开低压时，通过低压信号控制能够同时将高压回路切断，所以为安全起见，务必卸下蓄电池负极。

③戴好绝缘手套，断开动力电池高压维修开关，如图4-8所示。

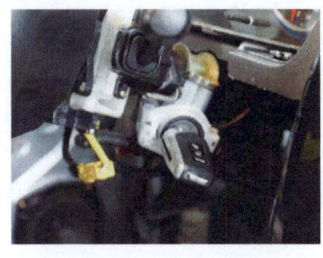  

图4-6　拔下汽车钥匙　　图4-7　断开低压蓄电池负极　　图4-8　断开动力电池高压维修开关

④当车辆举升到需要的高度时，将举升机锁止，如图4-9所示。

⑤拆下动力电池总正、总负和低压线束插头，如图4-10所示。

 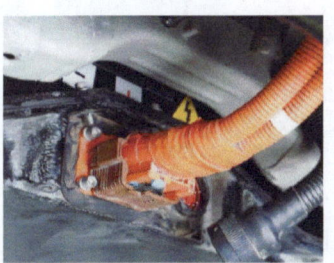

图4-9　举升车辆并锁止　　　　图4-10　拆下动力电池线束插头

4）检查动力电池箱的密封性能。检查动力电池箱密封性能的目的是保证动力电池箱密封性能良好，防止进水，影响通信。通过真空检漏法，检查密封条的密封情况。下面以沃尔沃混合动力汽车的动力电池为例，其密封性能检查步骤如下。

①连接真空表组件及气泵管路。

②调节气压在400kPa左右。

③打开真空表组件开关，抽真空3~5min，如果负压达不到-40kPa，则说明密封不严。

④如果负压真空度达到-40kPa，应关闭真空表组件开关，保持10min左右，检查负压真空度，如压力值在-10kPa以内，则说明密封性能良好。

⑤若无真空负压或压力值回到0，说明密封不严，需要检查动力电池箱螺栓是否紧固。

⑥如果动力电池箱盖螺栓紧固为正常力矩，则需要更换密封条。

5）检查动力电池螺栓的紧固状态。检查动力电池螺栓是否可靠，用扭力扳手按照维修手册规定的次序和力矩紧固螺栓，如图4-11所示。

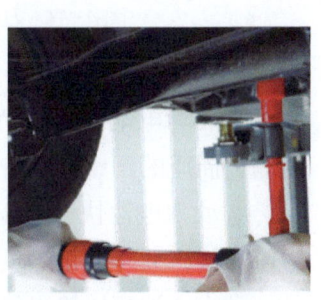

图4-11　检查动力电池螺栓

6）检查动力电池外部高、低压插接件。检查动力电池外部高、低压插接件线束及插接件连接有无松动、破损、腐蚀等问题，如图4-12所示。

①检查动力电池高、低压插接件是否连接可靠，有无变形、松脱、过热、损坏等情况，要求如下。

a. 检查用电器插接件与线束插接件是否插对，并检查是否对插到位。

b. 检查线束与插针是否连接牢固，插接件内的插针是否出现退针、插针弯曲等异常现象。

②检查动力电池高压插接件与高压控制盒输入插接件是否正常，如图4-13所示。

图4-12　动力电池高压插接件检查　　　图4-13　检查动力电池与高压输入插接件

7）检查动力电池外部绝缘性。为了避免动力电池漏电，防止线路及内部短路，需要对动力电池高压母线的绝缘性进行检查。以吉利帝豪EV450为例，其动力电池高压输出端口针脚如图4-14所示，检查总正、总负搭铁的绝缘电阻值。将钥匙转动到OFF位，在高、低压断电及电容放电后，拔下高压母线，用数字式绝缘电阻测试仪分别检查总正、总负搭铁电阻值。如图4-15所示。

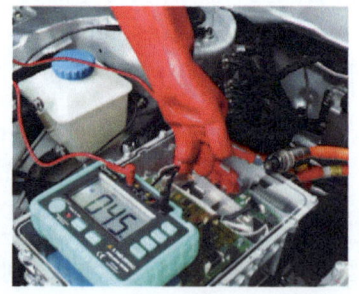

图4-14　动力电池高压输出端口　　图4-15　检查动力电池高压输出
　　　　　针脚　　　　　　　　　　　　　绝缘电阻值

①动力电池端正、负极绝缘性检测。黑表笔接于屏蔽层，红表笔逐个测量动力电池输出插座的正、负极。

②动力电池快充端正、负极绝缘性检测。黑表笔接于屏蔽层，红表笔逐个测量动力电池快充插座的正、负极。

动力电池高压输出绝缘电阻设计值见表4-4。

表 4-4　动力电池高压输出绝缘电阻设计值

测试端	帝豪 EV 绝缘电阻设计值 /MΩ	1.5TD+7DCTH 绝缘电阻设计值 /MΩ
总正与电池包壳体	≥ 20	≥ 10
总负与电池包壳体	≥ 20	≥ 10
快充正与电池包壳体	≥ 20	—
快充负与电池包壳体	≥ 20	—

实训数据记录			
姓名		班级	
学号		指导教师	
组员			
汽车 VIN 码			
汽车品牌		车型、年份	里程
工具选择			
实训流程、数据记录、结果分析			

实践反思

自评、互评、教师点评表

姓名		班级		学号		指导教师		组别	
评分项目	评分内容			分值		个人评分	小组评分	教师评分	
工具、场地准备	场地干净整洁，符合作业要求			5					
	通用及专用工具准备齐全、正确			5					
专业知识学习	学习态度端正，认真积极			5					
工具、设备选择与使用	检测与维修工具、设备选择正确、合适			5					
	工具、设备使用正确，操作规范			10					
操作实施	按照要求实施操作			25					
	操作正确、有序			10					
	零部件拆装无破损			5					
总结报告	数据记录完整，符合实际情况			5					
	实训报告客观、务实			5					
团队协作能力	小组成员分工明确			5					
	团队协作，共同完成实训操作			5					
安全	安全操作，未出现人身危险情况			5					
	工具、设备使用安全，未损坏			5					
总分				100					

组长： 日期：

任务 2　动力电池内部检查与维护

一、学习目标

1. 了解动力电池的类型、特点和相关性能
2. 了解动力电池总成内部的结构和特性
3. 掌握动力电池总成内部的检查与维护方法

二、学习任务

学习点
动力电池结构认知

1. 单体电池

单体电池是构成动力电池模块的最小单元（图 4-16），由它实现电能与化学能之间的直接转换，三元锂离子电池的单体电池额定电压一般在 3.7V 左右，磷酸铁锂离子电池的单体电池额定电压一般在 3.3V 左右。

无论是方形电池还是圆柱形电池，其结构基本相似，主要由电极、隔膜、电解质和外壳组成，如图 4-17 所示。

图 4-16　圆柱形单体电池外形图

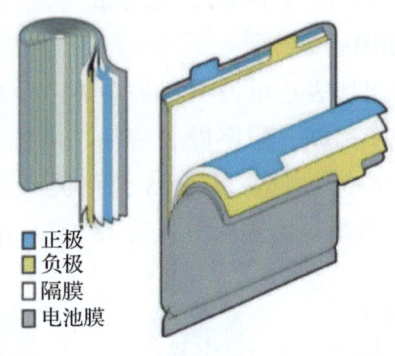

图 4-17　单体电池内部结构示意图

1）正极。正极材料主要为含锂的化合物，常见的包括钴酸锂（LCO）、锰酸锂（LMO）、三元材料（NCM）、磷酸铁锂（LFP）等。

2）负极。锂离子电池大多采用石墨作为负极材料。

3）隔膜。隔膜是一层具有电绝缘特性的物质，它可以把正、负极分隔开，具有使

电解质中离子通过的能力。

4）电解质。常用的电解质为有机物。

5）外壳。锂离子电池一般采用钢壳或铝塑膜外壳，其中铝塑膜大多由耐磨层、铝层、防腐蚀层、黏接层几部分组成，其中耐磨层是电池的外表面，可以防止汽车长期运行中电池位置错动引起的磨损，铝层可以起到防止水分进入的作用。

2. 电池模组

一组并联的单体电池组合成为电池模组，其额定电压与单体电池的额定电压相等。电池模组的容量等于单体电池容量与单体电池数量的乘积。例如：4个单体电池并联为一个独立的电池模组，一个单体电池的额定电压为3.7V，额定容量为1A·h，则电池模组的额定电压为3.7V，电池模组的总容量为4A·h，如图4-18所示。同理，一组串联的单体电池组合成为电池模组，其额定电压等于单体电池的额定电压之和，其容量与单体电池容量相同。例如：将4个额定电压为3.7V的电池模块的正极和负极通过导电的金属板串联连接，串联之后的总电压为14.8V，总容量为1A·h，如图4-19所示。

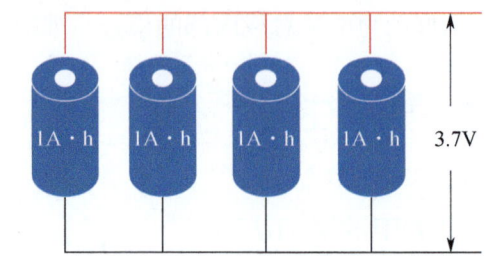

图4-18 单体电池并联成一个模组

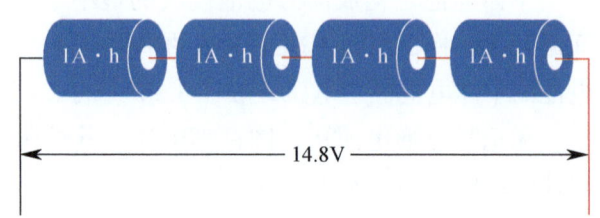

图4-19 单体电池串联成一个模组

为了形象地表达电池模组的单体电池连接关系，通常对动力电池模组进行编号，用字母S表示串联，用字母P表示并联，如某电池模组型号为2P5S，代表该电池模组由2个单体电池并联，再将5组并联后的电池串联，如图4-20所示。该电池模组共包括10个单体电池，输出电压为18.5V，容量为2A·h。

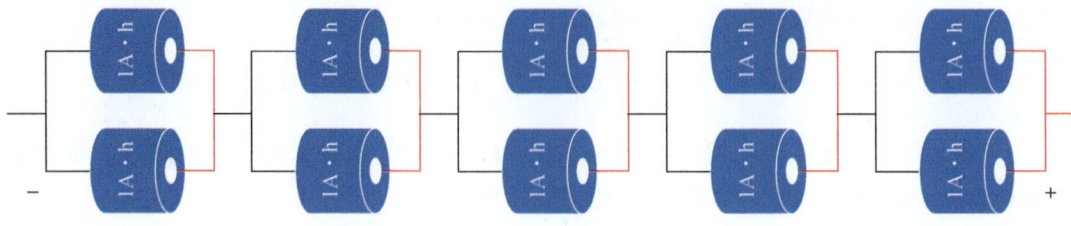

图4-20 2P5S电池模组

3. 动力电池总成内部组成

动力电池总成由动力电池模组、结构系统、电气系统、热管理系统、电池管理系统（BMS）等部件组成，如图 4-21 所示。

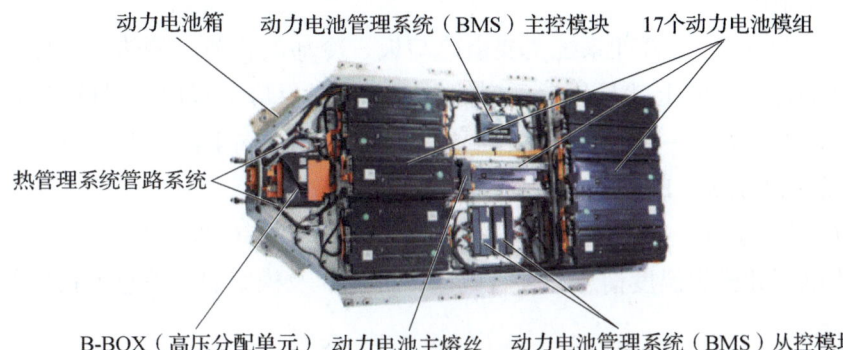

图 4-21　动力电池组总成

1）动力电池模组。

①电池单体（Cell）。电池单体是直接将化学能转化为电能的基本单元装置，包括电极、隔膜、电解质、外壳和端子，并被设计成可充电的模式。

②电池模组（Module）。电池模组是指将一个以上的电池单体按照串联、并联或串并联方式组合，且只有一对正、负极输出端子，并作为电源使用的组合体，如图 4-22 所示。

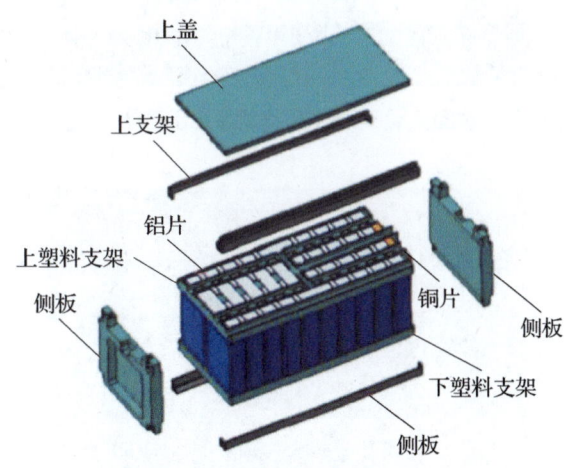

图 4-22　动力电池模组分解示意图

2）结构系统。结构系统主要由电池模组上盖、各种金属支架、侧板和螺栓组成，可以看成是电池模组的"骨骼"，起到支撑、抗机械冲击、机械振动和防水防尘的作用。

3)电气系统。电气系统主要由高压跨接片或高、低压线束等组成。高压线束可以看成是电池模组的"大动脉血管",将电动汽车的"心脏"——动力电池系统的动力不断输送到各个需要的部件中,低压线束则可以看成电池模组的"神经网络",实时传输检测信号和控制信号。

4)热管理系统。热管理系统主要由冷却板、冷却液管路、隔热垫和导热垫组成。电池充放电的过程实际上就是化学反应的过程,化学反应会释放大量的热量,需要将热量带走,让电池处于一个合理的工作温度范围内,以提高电池的寿命和可靠性。

5)电池管理系统(BMS)。

① CSC 采集系统(BMM 系统)。每个模组有一个 CSC 采集系统,以监测其中每个电池单体电压和模组温度信息,并将电池单体电压及模组温度信息上报给 BMU,如图 4-23 所示。

② 电池控制单元(BMU 或 BSM)。它安装于动力电池总成内部,是电池管理系统的核心部件,电池控制单元(BMU)负责整车诊断、通信、标定、充电控制、碰撞监控、高压互锁、热管理、均衡控制、高压采样、高压绝缘监测、高压继电器驱动、高压继电器诊断、高压预充控制、管理 BMM 和 BDU、计算 SOC 和 SOH、管理电池状态、应用策略等,如图 4-24 所示。

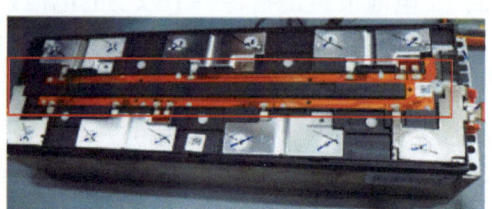

图 4-23 CSC 采集系统示意图

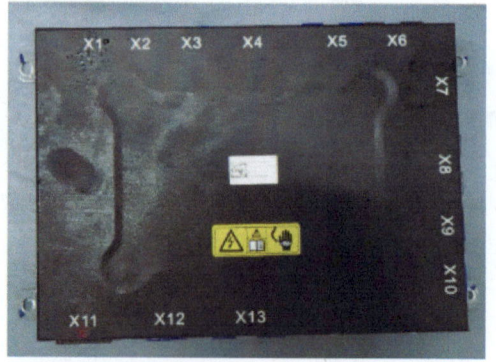

图 4-24 吉利帝豪 GSe 动力电池 BMU 示意图

③ 电池高压分配单元(B-BOX 或 BDU)。它安装在动力电池的正、负极输出端,由主正继电器、主负继电器、预充继电器、充电继电器、电流传感器(CSU)和预充

电阻等组成，如图4-25所示。预充继电器和预充电阻组成预充回路，防止回路电流过大而损害电气元件及电机电容，电池接通高压母线回路时首先闭合主负继电器，然后闭合预充继电器进行预充，直到主正继电器前、后端压差达到设定值时预充完成，闭合主正继电器，然后断开预充继电器。

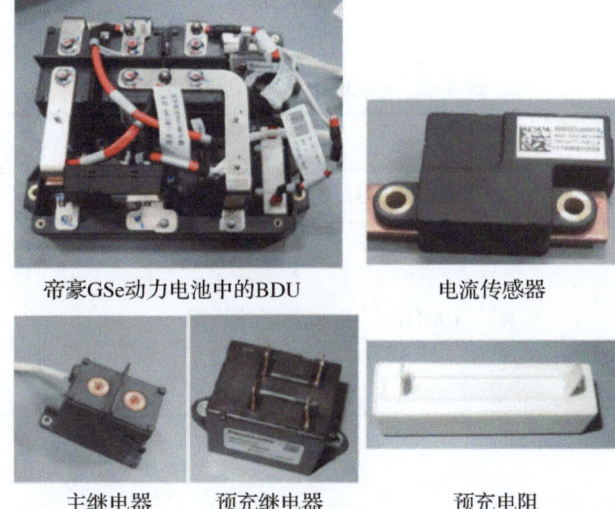

图4-25 电池高压分配单元组成示意图

4. 动力电池包安全要求

电动汽车动力电池包应符合GB 18384—2020《电动汽车安全要求》。对于B级电压电路（交流电压大于30V，小于或等于1000V；直流电压大于60V，小于或等于1500V），要求在动力电池包外部以及内部高压电气部件的第一可视面的醒目位置设置高压危险标识，如图4-26所示。在高压危险标识附近还应清晰注明动力电池包的类型，如镍氢电池、锂离子电池等。

图4-26 高压危险标识

在动力电池的生命周期内,其高压电气系统的输出端(正极和负极)与动力电池箱体间的绝缘阻值应大于 $500\Omega/V$。除此之外,按标准的要求,动力电池包的绝缘防护设计还需要考虑密封性能,主要是因为水或水蒸气进入动力电池包内部,会引起系统内部的高压带电部分与壳体通过阻值较低的水形成回路,导致高压绝缘失效。一般动力电池的绝缘监测通过动力电池管理系统(BMS)来进行,BMS 对动力电池漏电的检测分为三种状态,见表 4-5。

表 4-5 动力电池漏电检测标准值

动力电池漏电	正常	$R > 500\Omega/V$	—
	一般漏电	$100\Omega/V \leq R \leq 500\Omega/V$	仪表指示灯亮,报动力系统故障
	严重漏电	$R < 100\Omega/V$	行车中:仪表指示灯亮,立即断开主接触器 停车中:禁止上电;仪表指示灯亮,报动力系统故障 充电中:断开交流充电接触器;仪表指示灯亮,报动力系统故障

三、课后拓展

简述动力电池内部检查项目及注意事项。

四、任务实施

1. 作业前准备

图例	内容	完成情况		
安全帽　护目镜　绝缘鞋　绝缘手套	作业前现场环境检查	规范着装（　） 拉设安全围挡（　） 放置安全警示牌（　） 检查灭火器（　） 检查测量终端状态（　） 铺设防护四件套（　）		
 安全帽 　护目镜 　绝缘鞋 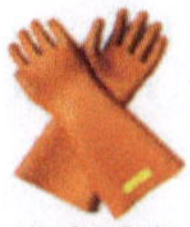　绝缘手套	防护用具检查	检查绝缘手套（　） 检查护目镜（　） 检查安全帽（　） 检查绝缘鞋（　）		
 故障诊断仪 　放电工装 　万用表 　绝缘测试仪	仪表、工具准备	检查万用表、绝缘测试仪是否正常（　） 检查故障诊断仪是否正常（　） 检查绝缘工具是否齐全、正常（　） 检查放电工装是否正常（　） 检查维修手册、电路图是否完备（　）		
	测量绝缘地垫绝缘电阻值	测量值 ＿＿MΩ	标准值 >20MΩ	判断 正常（　） 异常（　）

2. 检查维护步骤

1）检查与维护动力电池箱之前应先断开高、低压电,断电流程如下。

①关闭点火开关,拔下汽车钥匙,如图 4-27 所示。

> **注意事项**：当仪表显示 READY 时，高压通电，此时切勿拆卸高压部件，否则有触电危险。因此在检查或维护动力电池箱之前，要确保拔下汽车钥匙，自行收好，并在车上放置工作牌。

②拆下低压蓄电池负极，使用绝缘胶带包好，断开整车低压控制电源，如图 4-28 所示。

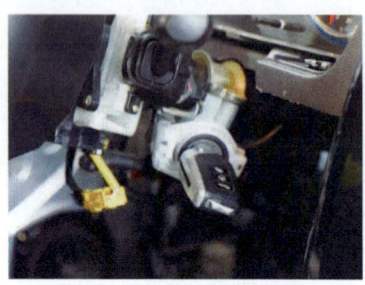 

图 4-27　拔下汽车钥匙　　　　　图 4-28　断开低压蓄电池负极

由于电动汽车采用了高压互锁装置，即断开低压时，通过低压信号控制能够同时将高压回路切断，所以为安全起见，务必卸下蓄电池负极。

③戴好绝缘手套，断开动力电池高压维修开关，如图 4-29 所示。
④当车辆举升到需要的高度时，将举升机锁止，如图 4-30 所示。
⑤拆下动力电池总正、总负和低压线束插头，如图 4-31 所示。

图 4-29　断开动力电池高压维修开关

图 4-30　举升车辆并锁止　　　　图 4-31　拆下动力电池低压线束插头

2）检查与维护加热熔丝与电流传感器。检查加热熔丝及电流传感器的工作性能，确保车辆正常通电；使用万用表测量加热熔丝及电流传感器是否导通，如图 4-32 所示，损坏的应予以更换。

图 4-32　电流传感器与加热熔丝的检查与维护

3）检查与维护继电器线圈。为确保总正、总负继电器正常工作，防止继电器损坏而导致车辆无法正常通电。使用万用表电阻档检查总正、总负继电器的线圈电阻，如图 4-33 所示，损坏的应予以更换。

4）检查与维护预充电阻。预充电阻能够限制预充电流的大小，避免电路短路。因此，预充电阻能否可靠工作直接影响到动力电池的性能，需要对其进行检查。用万用表电阻档检测预充电阻的阻值是否正常，阻值应为 40Ω 左右，如图 4-34 所示，损坏的应予以更换。

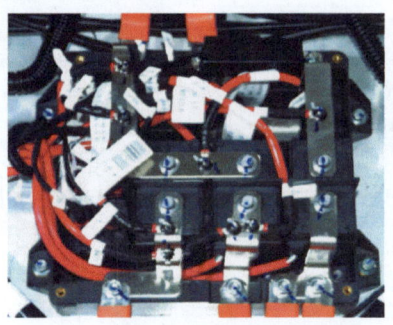 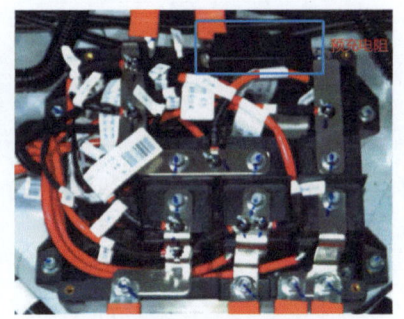

图 4-33　检查动力电池总继电器电阻　　图 4-34　检查动力电池内部的预充电阻

5）检查动力电池内部的绝缘性能。动力电池是整个电动汽车的动力源，为防止动力电池箱内部短路，需要检查动力电池内部的绝缘性能。将动力电池箱内部高压控制盒插头打开，用数字式万用表 DC 1000V 档测试总正、总负搭铁电阻值，若阻值大于或等于 500Ω，则绝缘性能良好，否则需要更换。检测方法如下。

①操作起动开关使电源模式切换至 OFF 位。

②断开蓄电池负极电缆，用绝缘胶带包扎好，做好绝缘防护。

③断开动力电池高压线的线束插接器 BV16，并做好绝缘防护。

④连接蓄电池负极电缆，操作起动开关使电源模式切换至 ON 位。

⑤用万用表（能精确到小数点后 4 位）分别测量动力电池高压连接插座正、负极和动力电池箱体之间的电压值 $V+$、$V-$，如图 4-35 所示。

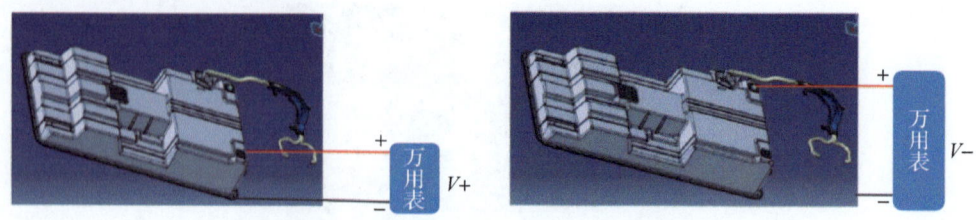

图 4-35　测量 $V+$ 与 $V-$ 的电压值

⑥比较 $V+$ 和 $V-$，选择电压值大的进行下一步。如 $V+>V-$，在 $V+$ 与电池箱体间并联一个 $100\mathrm{k}\Omega$ 的电阻 R，测量 $V+$ 与电池箱体之间的电压值 V_2，未并联 $100\mathrm{k}\Omega$ 的电阻 R 时，测得 $V+$ 与电池箱体之间的电压值为 V_1，如图 4-36 所示。

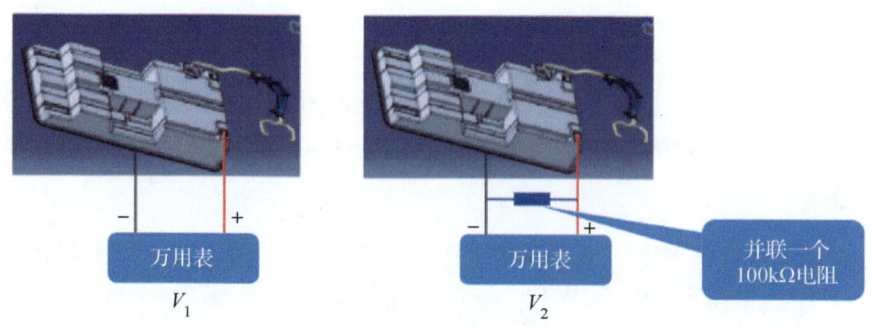

图 4-36　测得 V_1 和 V_2

⑦将 V_1、V_2 电压值代入图 4-37 所示的公式，计算出的动力电池绝缘阻值应大于或等于 $500\Omega/\mathrm{V}$。

$$\frac{\frac{V_1-V_2}{V_2}R}{V_\text{总}} > 500\Omega/\mathrm{V} \quad \text{不漏电}$$

$$\frac{\frac{V_1-V_2}{V_2}R}{V_\text{总}} \leq 500\Omega/\mathrm{V} \quad \text{漏电}$$

图 4-37　动力电池绝缘阻值计算

项目 4　新能源汽车保养

实训数据记录			
姓名		班级	
学号		指导教师	
组员			
汽车 VIN 码			
汽车品牌		车型、年份	里程
工具选择			
实训流程、数据记录、结果分析			

实践反思

自评、互评、教师点评表

姓名		班级		学号		指导教师		组别	
评分项目		评分内容				分值	个人评分	小组评分	教师评分
工具、场地准备		场地干净整洁，符合作业要求				5			
		通用及专用工具准备齐全、正确				5			
专业知识学习		学习态度端正，认真积极				5			
工具、设备选择与使用		检测与维修工具、设备选择正确、合适				5			
		工具、设备使用正确，操作规范				10			
操作实施		按照要求实施操作				25			
		操作正确、有序				10			
		零部件拆装无破损				5			
总结报告		数据记录完整，符合实际情况				5			
		实训报告客观、务实				5			
团队协作能力		小组成员分工明确				5			
		团队协作，共同完成实训操作				5			
安全		安全操作，未出现人身危险情况				5			
		工具、设备使用安全，未损坏				5			
总分						100			
组长：						日期：			

任务 3 驱动电机系统检查与维护

一、学习目标

1. 掌握驱动电机的作用、位置和性能要求
2. 了解驱动电机的结构和工作原理
3. 掌握驱动电机控制器的作用、安装位置
4. 认识驱动电机控制器的外部电路和线束名称
5. 掌握减速器的功能、技术参数和工作原理
6. 掌握冷却系统的作用、工作原理
7. 了解电动汽车的冷却系统和结构组成

二、学习任务

学习点 01
驱动电机认知

1. 驱动电机的功能

驱动电机、电控系统、动力电池是电动汽车的核心部分,俗称"三电"。在电动汽车上驱动电机替代了传统汽车上的发动机和发电机,如图 4-38 所示。传统发动机通常是将化学能转化为机械能驱动车辆行驶,而驱动电机既可以将电能转化为机械能驱动车辆行驶,也可作为发电机将机械能转化为电能并储存在动力电池内。

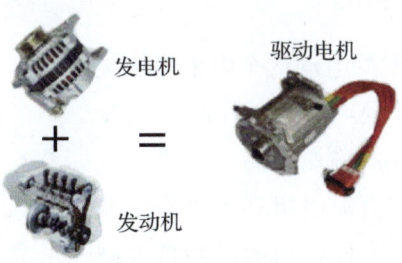

图 4-38 驱动电机与传统发动机对比

按照驾驶员的意图,电机控制器将动力电池的高压直流电转变成驱动电机的高压三相交流电,从而使驱动电机产生旋转力矩,并通过传动装置将驱动电机的旋转运动传递给车轮,实现车辆的行驶,如图 4-39a 所示。目前,驱动电机不仅可以驱动车辆

行驶，而且可以进行制动能量回收，如图 4-39b 所示。驱动电机在制动、缓慢减速时，整车 ECU 发出指令使驱动电机转为发电机发电工况，此时驱动电机会将车辆动能转化为电能，通过驱动电机控制器以充电电能形式向动力电池充电。

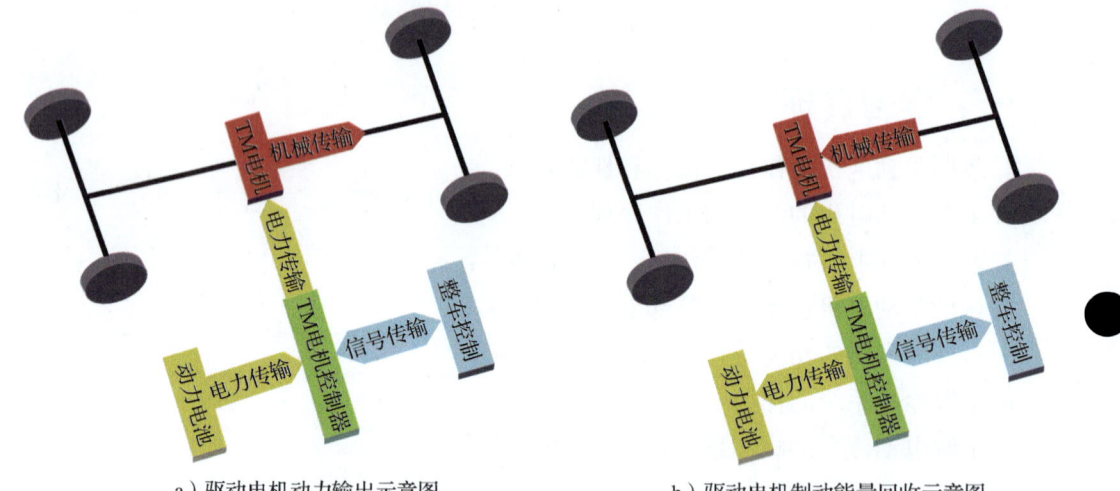

a）驱动电机动力输出示意图　　b）驱动电机制动能量回收示意图

图 4-39　驱动电机动力输出和制动能量回收示意图

2. 驱动电机安装位置

图 4-40 所示为北汽 EV200 驱动电机的安装位置，驱动电机安装在前机舱动力总成支架下面，与减速器、传动半轴相连。

3. 驱动电机的类型

按照驱动原理，驱动电机可以分为 4 种：直流电机、永磁同步电机、交流感应（三相交流异步）电机、开关磁阻电机。

图 4-40　北汽 EV200 驱动电机安装位置

1）直流电机。早期开发的电动汽车多采用传统的直流电机，如图 4-41 所示。电机工作时，电能是以直流电的方式经过变换器输送至驱动电机。直流电机按有无电刷分为有刷直流电机和无刷直流电机，有刷直流电机因维护不方便，目前已经被无刷直流电机取代。根据电动汽车对驱动电机的技术要求，直流电机能够满足电动汽车运行的基本要求。另外，无刷电机不需要用户考虑其维护问题，成为入门级电动汽车普遍使用的一种驱动电机类型。直

图 4-41　直流电机示意图

流电机的优点是成本低、易控制、调速性能好；但是直流电机的转速范围不算宽泛，最高转速仅为 6000r/min 左右，难以满足电动汽车的工况需求，目前的电动汽车已将直流电机淘汰。

2）永磁同步电机。所谓永磁，是指在制造电机转子时采用永磁体，使电机的性能得到进一步提升。而所谓同步，则指的是转子的转速与定子绕组的电流频率始终保持一致。因此，通过控制电机的定子绕组输入电流频率，电动汽车的车速将可以被控制。

与其他类型的电机相比较，永磁同步电机的最大优点就是具有较高的功率密度与转矩密度，在相同的质量与体积下，永磁同步电机能够为新能源汽车提供最大的动力输出与加速度。这也是在对空间与自重要求极高的新能源汽车行业，永磁同步电机成为首选的主要原因。图 4-42 所示为永磁同步电机示意图，应用车型有比亚迪秦、比亚迪宋 DM、比亚迪宋 EV300、北汽 EV 系列、腾势 400、众泰 E200、荣威 ERX5 等。但是，它也有自身的缺点，转子上的永磁材料在高温、振动和过电流的条件下，会产生磁性衰退的现象，使得永磁同步电机容易发生损坏。

3）三相交流异步电机。三相交流异步电机又称为交流感应电机，定、转子由硅钢片叠压而成，两端用铝盖封装，定、转子之间没有相互接触的机械部件。它结构简单，运行可靠耐用，维修方便。交流异步电机与同功率的直流电机相比效率更高，质量约减少 1/2。如果采用矢量控制，可以获得与直流电机相媲美的可控性和更宽的调速范围。由于有着效率高、比功率较大、适合于高速运转等优势，三相交流异步电机是目前大功率电动汽车上应用最广的驱动电机。图 4-43 所示为三相交流异步电机，应用车型有特斯拉 Model S、Model X、江铃 E200、江铃 E100、江铃 E160、众泰云 100S、芝麻 E30 等。

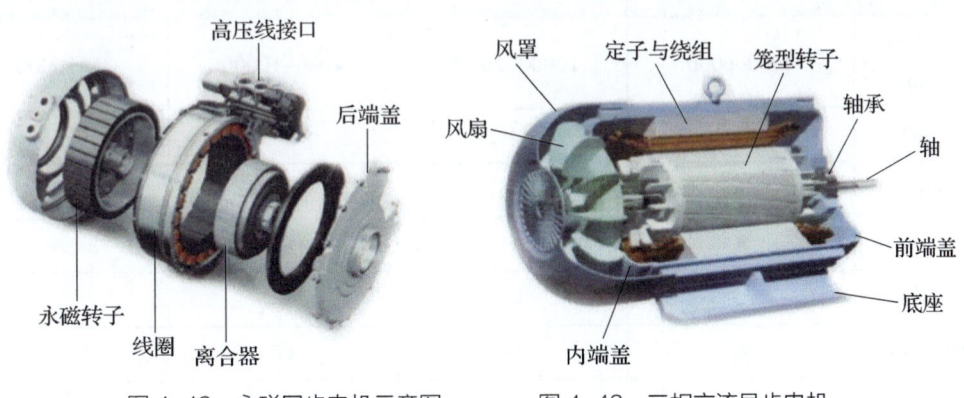

图 4-42　永磁同步电机示意图　　图 4-43　三相交流异步电机

4）开关磁阻电机。开关磁阻电机作为一种新型电机，相比其他类型的驱动电机而言，其结构最为简单，定、转子均为普通硅钢片叠压而成的双凸极结构，转子上没有绕组，定子装有简单的集中绕组，具有结构简单坚固、可靠性高、质量轻、成本低、效率高、温升低、易于维修等优点。而且它具有直流调速系统可控性好的优良特性，同时适用于恶劣环境,适合作为电动汽车的驱动电机使用。业内人士预测,开关磁阻电机将成为电动汽车领域的一匹黑马。图 4-44 所示为开关磁阻电机。

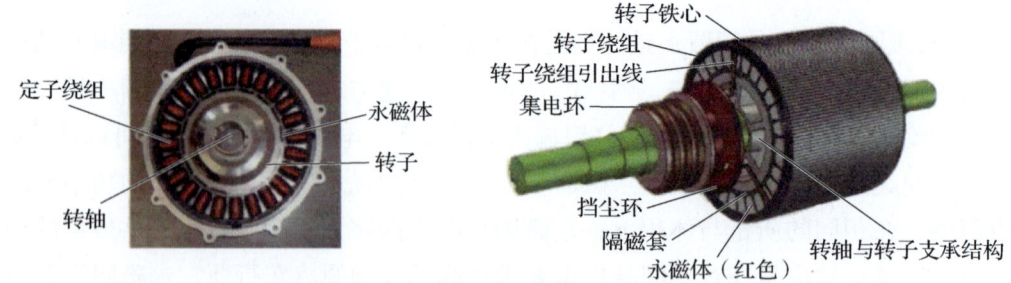

图 4-44 开关磁阻电机

学习点 02
电动汽车用驱动电机性能对比

表 4-6 是四种驱动电机性能参数的对比一览表。从表 4-6 中可以看出,永磁同步电机在性能方面占有绝对优势。2016 年我国新能源汽车驱动电机装机量达 59.5 万台,其中永磁同步电机装机量超过 45 万台,占比达 77%,交流异步电机装机量超过 14 万台,占比 23%,其他类型电机近 2000 台,占比仅 1%。

表 4-6 四种驱动电机性能参数对比一览表

项目	直流电机	交流感应(异步)电机	永磁同步电机	开关磁阻电机
转速范围 /(r/min)	4000~6000	12000~20000	4000~10000	>15000
功率密度	低	中	高	较高
重量	重	中	轻	轻
体积	大	中	小	小
可靠性	差	好	一般	好
结构坚固性	差	好	好	好
控制器成本	低	高	高	一般

表 4-7 是三种永磁同步电机性能参数的对比一览表。电动汽车所采用的驱动电机是通过电磁感应让电机转动,从而实现对外输出动力。但是新能源汽车所采用的驱动电机安装环境狭小,工作环境恶劣且复杂多变;振动大、冲击大、腐蚀严重、高温高湿度且温度变化大,因此新能源汽车对驱动电机提出了更高的要求。驱动电机的性能

要求如下：

①较大的起动转矩和较大范围的调速性能。驱动电机除满足起动、加速、行驶、减速、制动等所需的功率与转矩外，还应具有自动调速功能，以减轻驾驶员的操纵强度，提高驾驶的舒适性，并且能够达到与内燃机汽车加速踏板相同的控制响应。

②能承受4~5倍的过载。驱动电机要满足短时加速行驶与最大爬坡度的要求，能够承受4~5倍的过载，并且可以高效率地回收电动车辆在制动时反馈的能量。

③高电压、高转速、重量轻、体积小。驱动电机的设计参数要有利于提高电机的比功率、转速，并尽量减小驱动电机的尺寸，减轻驱动电机的重量，并减小各种控制装置及导线的横截面积，以有利于在电动车辆上进行安装和布置，并可降低成本。

④有良好的可靠性，耐高温和耐潮湿，运行时噪声低，可以在恶劣环境条件下长时间运转。

表4-7 三种永磁同步电机性能参数对比一览表

项目	精进	精进	方正
电机型号	TZ220XS519	TZ220XS503	TZ220XSFDM42A
绝缘等级	H	H	H
额定电压	DC270~410V	DC270~410V	DC270~410V
额定功率/kW	42	42	42
峰值功率/kW	130	120	120
额定转矩/N·m	105	105	105
峰值转矩/N·m	270	250	250
额定转速/(r/min)	4200	4200	3820
峰值转速/(r/min)	12000	12000	12000
防护等级	IP67		
重量/kg	55		
电机旋转方向	逆时针旋转（从轴伸端看）		

学习点 03
交流永磁同步电机结构和工作原理

1. 永磁同步电机结构

永磁同步电机具有效率高、体积小、重量轻和可靠性高等优点，是动力系统的重要执行机构，是电能与机械能转化的部件，且自身的运行状态等信息可以被采集到驱动电机控制模块。其工作信息主要依靠内置传感器来提供，这些传感器包括电机转速位置传感器（检测电机转子位置，控制器解码后可以获得电机转速）、电机温度传感器（检测电机的绕组温度，控制器可以保护电机避免过热）。永磁同步电机主要由定子绕组、永磁转子、位置传感器等部件组成，定子和转子之间存在气隙，防止转子转动时产生干涉，如图4-45所示。

1）定子。电机的定子由定子铁心和定子绕组组成，用于产生旋转磁场。其中，定子铁心是电机磁路的一部分，并在其上放置定子绕组，如图4-46所示。定子铁心一般由0.35~0.5mm厚的表面具有绝缘层的硅钢片冲制、叠压而成，在铁心的内缘冲有均匀分布的槽，用以嵌放定子绕组；定子绕组内嵌在定子铁心槽内，是电机电路部分，接入三相交流电会产生旋转磁场。定子绕组由三个在空间互隔120°、对称排列的结构完全相同的绕组联结而成，三相绕组有星形（Y）和三角形（△）两种联结方式，如图4-47所示。

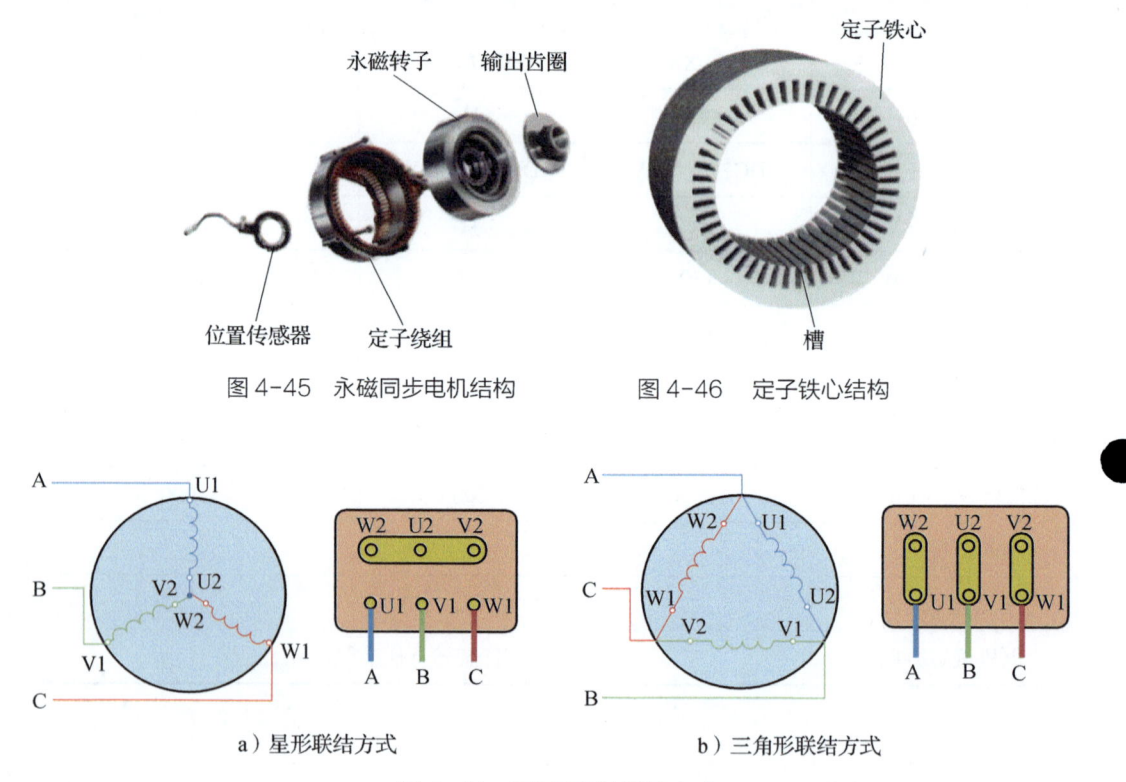

图4-45 永磁同步电机结构　　图4-46 定子铁心结构

a）星形联结方式　　b）三角形联结方式

图4-47 三相绕组的联结方式

2）转子。永磁转子由转子铁心、永磁体和转子轴组成。转子铁心的材料与定子铁心相同，都是由导磁性良好的硅钢片冲制、叠压而成的。转子上，永磁体均匀地嵌入转子铁心的凹槽中，在其两端通常设计有气隙或安装有隔磁材料，防止漏磁。转子上永磁体产生的磁场均匀地分布在转子的周围,在定子绕组旋转磁场作用下,产生转矩带动转子旋转。气隙是电机定子和转子之间的空隙,用于防止定子和转子相互干涉。气隙的大小决定磁通量的大小,气隙越大,漏磁越多,电机的效率会降低;根据电机的不同,气隙的大小也不相同,通常同步电机的气隙大,异步电机的气隙小。

3)旋变传感器。旋变传感器用以检测电机转子的位置和转速,是一种输出电压随转子转角变化的信号元件,当励磁绕组以一定频率的交流电压励磁时,输出绕组的电压幅值与转子转角成正弦/余弦函数关系,由控制器编码后可以获知电机转速,传感器线圈固定在壳体上,信号齿圈固定在转子上,如图4-48所示。吉利EV450的旋变传感器的余弦、正弦和励磁电阻正常值分别为(14.5±1.5)Ω、(13.5±1.5)Ω、(9.5±1.52)Ω。

4)温度传感器。为了防止驱动电机温升过快,新能源车辆驱动电机采用液态冷却方式,并配有温度传感器对驱动电机的工作温度进行实时监控,向电机控制器反馈电机温度信号。图4-49所示为温度传感器。吉利EV450采用型号为SEMITEC 13-C130的温度传感器,根据温度信号采取相应的控制策略,包括冷却系统风扇的低速控制、电机过温保护等。吉利EV450的温度传感器在-40℃时,正常电阻值为(241±20)Ω;20℃时,正常电阻值为(13.6±0.8)Ω;85℃时,正常电阻值为(1.6±0.1)Ω。温度传感器的阻值随温度升高而降低,随温度降低而升高。

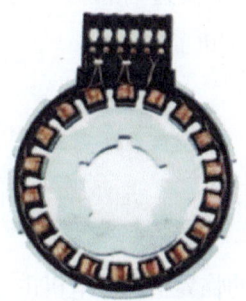 

图4-48 旋变传感器　　图4-49 温度传感器

2. 永磁同步电机工作原理

永磁同步电机的工作原理是电机的三相定子绕组通入三相交流电后,将产生一个旋转磁场,定子的旋转磁场与永磁转子中的磁场相互作用,产生转矩,带动转子转动,转子的转动速度与旋转磁场同步,如图4-50所示,其工作状态如下。

1)停止工作。电机内部没有接入三相交流电,定子中无旋转磁场产生,电动机处于静止状态。

2)正转。当转子位置确定后,通过给三相绕组提供一定相序的交流电,电机实现正转。

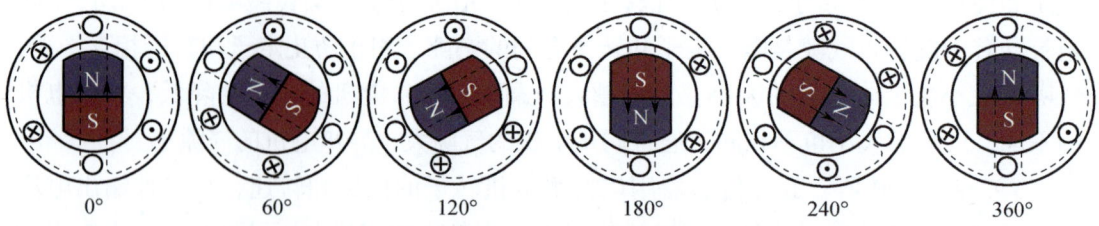

图 4-50　永磁同步电机工作原理示意图

3）反转。当转子位置确定后，通过改变三相绕组的相序进行供电，即可实现电机反转。

4）改变转速。电机控制模块通过改变供电的频率来调整电机转速。

5）发电。车辆减速时，永磁同步电机就相当于一个三相交流发电机。转子转动提供旋转磁场，定子内的三相绕组切割磁力线发电，发出的电量通过电机控制器内的整流器整流，输送给动力电池。

 学习点 04
驱动电机检查与维护要点

新能源汽车能否正常工作，很重要的因素在于电机能否正常运转。驱动电机的工作状态受到很多因素的影响，需要按照厂家使用手册进行检查和维护。在对电动汽车高压部件进行维护之前，一定要做好高压安全防护准备。

三、课后拓展

1. _____ 是电动汽车三大核心部件之一，是驱动车辆行驶的动力系统的执行机构，是电能转化为机械能的载体。

2. 电动机没有怠速，即使在车辆由静止到起步的临界状态，电机也可产生_____，可保证提供给车辆较好的加速度。

3. 驱动电机不仅可以驱动车辆行驶，而且可以进行_____。

4. 纯电动汽车常用的驱动电机主要有直流电机、三相交流异步电机、_____与开关磁阻电机等。

四、任务实施

1. 作业前准备

图例	内容	完成情况		
作业前现场环境图	作业前现场环境检查	规范着装（　　） 拉设安全围挡（　　） 放置安全警示牌（　　） 检查灭火器（　　） 检查测量终端状态（　　） 铺设防护四件套（　　）		
安全帽　护目镜 绝缘鞋　绝缘手套	防护用具检查	检查绝缘手套（　　） 检查护目镜（　　） 检查安全帽（　　） 检查绝缘鞋（　　）		
故障诊断仪　放电工装 万用表　绝缘测试仪	仪表、工具准备	检查万用表、绝缘测试仪是否正常（　　） 检查故障诊断仪是否正常（　　） 检查绝缘工具是否齐全、正常（　　） 检查放电工装是否正常（　　） 检查维修手册、电路图是否完备（　　）		
测量绝缘地垫图	测量绝缘地垫绝缘电阻值	测量值	标准值	判断
		＿＿＿MΩ	>20MΩ	正常（　　） 异常（　　）

2. 检查维护步骤

1）检查与维护动力电池箱之前应先断开高、低压电，断电流程如下。

①关闭点火开关，拔下汽车钥匙，如图 4-51 所示。

> **注意事项**：当仪表显示 READY 时，高压通电，此时切勿拆卸高压部件，否则有触电危险，因此在检查或维护动力电池箱之前，要确保拔下汽车钥匙，自行收好，并在车上放置工作牌。

②拆下低压蓄电池负极，使用绝缘胶带包好，断开整车低压控制电源，如图 4-52 所示。

图 4-51　拔下汽车钥匙　　　　图 4-52　断开低压蓄电池负极

由于电动汽车采用了高压互锁装置，即断开低压时，通过低压信号控制能够同时将高压回路切断，所以为安全起见，务必卸下蓄电池负极。

③戴好绝缘手套，断开动力电池高压维修开关，如图 4-53 所示。

④当车辆举升到需要的高度时，将举升机锁止，如图 4-54 所示。

⑤拆下动力电池总正、总负和低压线束插头，如图 4-55 所示。

图 4-53　断开动力电池高压　　图 4-54　举升车辆并锁止　　图 4-55　拆下动力电池线
　　　　维修开关　　　　　　　　　　　　　　　　　　　　　　　　束插头

2）检查驱动电机的外观。

①检查驱动电机表面是否有油液、污渍，是否存在漏液现象，如图 4-56 所示。

②检查驱动电机的上水管和下水管有无裂纹和泄漏，如果存在泄漏情况，要查找泄漏部位，如图 4-57 所示。一般出现泄漏的地方主要集中在管路接口处、橡胶管路和金属接合面等。

③目测车身底部防护层、驱动电机是否有磕碰、损坏等，如图 4-58 所示。

图 4-56　检查驱动电机有无泄漏

④使用压缩空气或干布对驱动电机的外观进行清洁，严禁使用水枪对驱动电机、电机控制器进行喷水清洗，如图 4-59 所示。

图 4-57　检查驱动电机上、下水管

图 4-58　检查驱动电机有无磕碰、损坏

图 4-59　清洁驱动电机

⑤检查驱动电机各固定螺栓的紧固状态，使用扭力扳手检查各固定螺栓的拧紧力矩，如图 4-60 所示。其中，电机前端盖与变速器壳体连接处的 M10 螺栓拧紧力矩应为 55N·m；电机后端盖与悬架支架连接处的 M10 螺栓拧紧力矩应为 55N·m；电机前、后端盖与支架连接处的 M10 螺栓拧紧力矩应为 55N·m；其余 M8 螺栓拧紧力矩应为 27N·m。

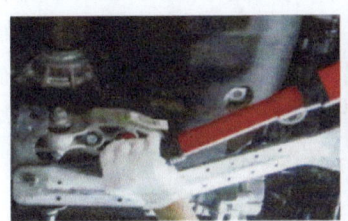

图 4-60　检查驱动电机螺栓拧紧力矩

3）检查驱动电机插接件状态。驱动电机涵盖高压插接件（三相交流）和低压插接件（19 针），图 4-61 所示为驱动电机高压插接件，图 4-62 所示为驱动电机低压插接件。

检查驱动电机插接件方法如下。

①检查驱动电机高压插接件连接状态是否完好，目测各个插接件是否存在退针、变形、松脱、过热和损坏情况，如发现以上情况，应及时予以修理或更换。驱动电机高压线束来自驱动电机控制器，高压线束分别为黄色——高压线束三相交流 U 相、绿色——高压线束三相交流 V 相、红色——高压线束三相交流 W 相，如图 4-63 所示。

图 4-61　驱动电机高压插接件

图 4-62　驱动电机低压插接件

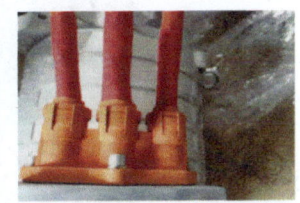
图 4-63　驱动电机高压插头

②检查驱动电机低压插接件连接状态是否完好，目测各个插接件是否存在退针、变形、松脱、过热和损坏情况，如发现以上情况，应及时予以修理或更换，如图4-64所示。

图4-64　驱动电机低压插头

③将接线盒盖打开，检测三相接线柱M8螺钉拧紧力矩是否为27N·m；安装接线盒盖时，接线盒盖上螺钉M4的拧紧力矩应为3.2N·m。

4）检查驱动电机绝缘情况。驱动电机在常规检查中必须检查其绝缘性，绝缘性符合标准要求，驱动电机才能安全使用。检查驱动电机绝缘情况，具体操作步骤如下。

①查看驱动电机铭牌，根据电机的额定电压选择合适的绝缘测试仪，如图4-65所示。

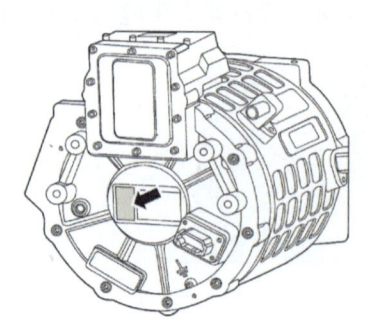

GEELY TM5028 100802 06632079	精进电动科技　　北京　　有限公司			
	额定功率	42kW	额定电压	137V
	额定转矩	105N·m	峰值功率	95kW
	峰值转速	11000r/min	峰值转矩	240N·m
	绝缘等级	H	冷却方式	水冷
	相数	3相	重量	55kg
	防护等级	IP67	工作制	S9
	出厂编号			
	永磁同步电机			

图4-65　驱动电机铭牌

②检查绝缘测试仪的好坏，选择合适的绝缘测试仪档位，黑色导线接绝缘测试仪"com"接线柱上，红色导线接绝缘测试仪"V"或"绝缘"接线柱上。

③测量电机搭铁绝缘电阻值。将绝缘测试仪黑表笔搭铁，红表笔逐个测量驱动电机三相交流电U、V、W端子，U相、V相、W相之间的搭铁绝缘电阻值，正常阻值应大于或等于20~100MΩ，如图4-66所示。

图4-66　搭铁绝缘电阻值测量

5）检查驱动电机定子绕组。检查驱动电机定子绕组，需要判断三相定子绕组之间的通断情况，使用万用表测量驱动电机的定子绕组 U 和 V 之间、V 和 W 之间、W 和 U 之间的阻值是否正常，三相线电阻值应近似平衡相等为正常，20℃参考值为 11.78~13.03MΩ，如图 4-67 所示。用同样的方法测量 U 相和 W 相之间的电阻值、W 相与 V 相端子之间的电阻值。

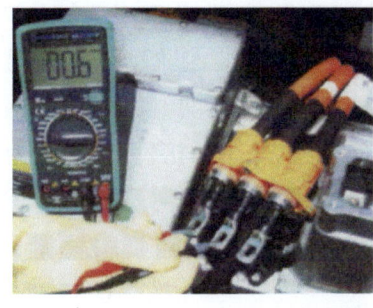 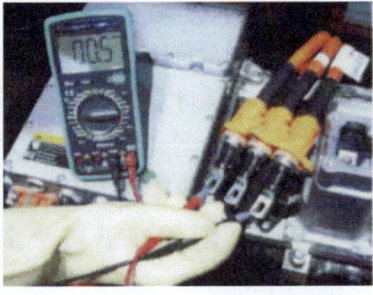 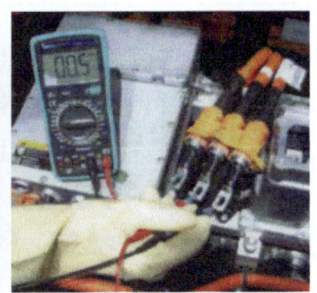

图 4-67　测量驱动电机定子绕组阻值

6）检查驱动电机旋转变压器。

①检查电机控制器与电机连接的低压插接件状态，查看是否存在退针与虚接现象。电机与电机控制器连接的电机端低压插接器端子定义如图 4-68 所示。

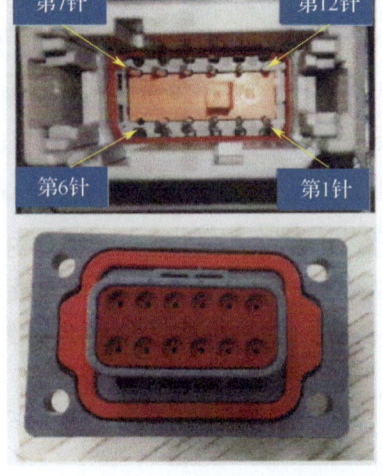

低压插接器端子定义（电机端）			
端子号	线色	信号名称	备注
1	绿	R1+	NTC温度传感器1
2	绿	R1-	
3	绿	R1+	NTC温度传感器2
4	绿	R1-	
5	/	GND	屏蔽
6	/	GND	
7	黑	COSLo	旋变余弦
8	红	COS	
9	蓝	SINLo	旋变正弦
10	黄	SIN	
11	绿	PEFLo	旋变励磁
12	白	PEF	

图 4-68　电机与电机控制器连接的电机端低压插接器端子定义

②用万用表测量驱动电机旋变传感器的阻值，电机旋变传感器阻值的测量分为三组，分别测量旋变传感器励磁、正弦、余弦电阻值（表 4-8）。若阻值为无穷大，则说明驱动电机旋变传感器有短路，需要更换旋变传感器。

表 4-8 旋变传感器电阻值

检测项目	测量位置	标准值 /Ω
励磁（REF）	BV13/11–BV13/12	9.5 ± 1.5
正弦（SIN）	BV13/9–BV13/10	13.5 ± 1.5
余弦（COS）	BV13/7–BV13/8	14.5 ± 1.5

7）检查驱动电机温度传感器。驱动电机温度传感器主要用于监测驱动电机的温度。驱动电机温度传感器的好坏，可通过测量其阻值来判断。测量驱动电机温度传感器的阻值时，需要在常温状态测量。如图 4-69 所示，驱动电机低压插接件 C 和 H 为驱动电机温度传感器信号，20℃参考值为 12.9~14.36kΩ。

图 4-69 测量驱动电机温度传感器阻值

8）检查驱动电机高压互锁端子。高压互锁是一个由所有高压部件所组成的串联闭环电路。每个高压部件对应的两个高压互锁端子应为导通状态，如果不导通，则相当于某个高压插接件未插或未插到位而造成高压互锁回路短路，从而引发整车报高压故障。检查驱动电机高压互锁端子时需要测量驱动电机高压互锁的电阻值，位置在端子 L 和 M 之间，检查方法如图 4-70 所示，若阻值为无穷大，则为短路。

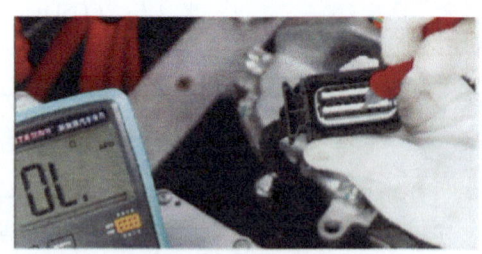

图 4-70 检查驱动电机高压互锁端子

9）更换三相高压线。

①使用内六角扳手将固定接线盒盖板（上）的 10 颗 M5×12 内六角头螺钉拆下，取下接线盒盖板（上）与 O 形圈。随后拆下盒内固定三相线的 3 颗 M8×16 外六角头螺钉。

②拆除固定插接器的 3 颗 M6×16 内六角头螺钉，取下线束。拆解零件的顺序如图 4-71 所示（从左到右）。

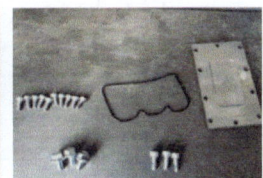

图 4-71　更换三相高压线

③更换线束后，按照线束插接器安装、三相线固定、O 形圈和盖板安装的顺序重新装配。

10）更换低压插接件。

①使用内六角扳手拆下固定低压插接件的 4 颗 M4×16 螺钉。再用尖嘴钳拔出插接件中的固定塞（TE 插接件 1-2303064-1）。

②拔出插接件后端的橡胶塞，用挑针挑开端子卡扣，拔出各端子和防水塞。拆下的零件按照拆解顺序（图 4-72）依次放置（从左到右）。

③更换新的低压插接件后，按照插端子、放置橡胶塞、放入固定塞、安装螺钉的顺序重新装配回去，线序对应插孔如前面介绍的低压插接器端子定义，如图 4-68 所示。

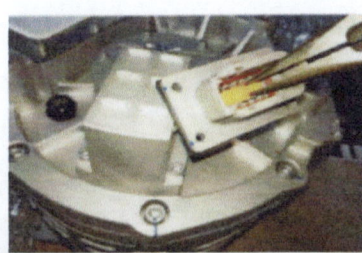

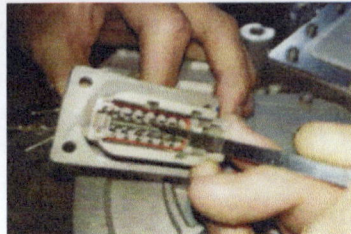
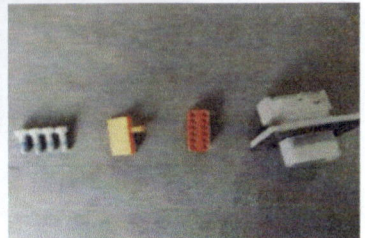

图 4-72　更换低压插接件

汽车维护与保养

实训数据记录				
姓名		班级		
学号		指导教师		
组员				
汽车 VIN 码				
汽车品牌		车型、年份		里程
工具选择				
实训流程、数据记录、结果分析				

实践反思

自评、互评、教师点评表

姓名		班级		学号		指导教师		组别	
评分项目		评分内容				分值	个人评分	小组评分	教师评分
工具、场地准备		场地干净整洁,符合作业要求				5			
工具、场地准备		通用及专用工具准备齐全、正确				5			
专业知识学习		学习态度端正,认真积极				5			
工具、设备选择与使用		检测与维修工具、设备选择正确、合适				5			
工具、设备选择与使用		工具、设备使用正确,操作规范				10			
操作实施		按照要求实施操作				25			
操作实施		操作正确、有序				10			
操作实施		零部件拆装无破损				5			
总结报告		数据记录完整,符合实际情况				5			
总结报告		实训报告客观、务实				5			
团队协作能力		小组成员分工明确				5			
团队协作能力		团队协作,共同完成实训操作				5			
安全		安全操作,未出现人身危险情况				5			
安全		工具、设备使用安全,未损坏				5			
总分						100			

组长: 　　　　　　　　　　　　　日期:

任务 4　高压配电系统检查与维护

一、学习目标

1. 掌握吉利 EV450 高压配电系统的组成和工作原理
2. 理解直流充电系统的组成及工作原理
3. 理解交流充电系统的组成及工作原理
4. 了解车载充电机的布置位置和结构

二、学习任务

学习点 01
高压配电系统概述

1. 高压配电系统的功能

纯电动汽车的高压配电系统，是由动力电池为电机控制器、驱动电机、电动压缩机、PTC 加热器等高压部件提供能量的。而且动力电池还有一套直流充电系统和一套交流充电系统：直流充电系统通过高压线束将电能从直流充电桩输送给动力电池总成，为其充电；交流充电系统将电能输送给车载充电机，车载充电机将交流电转化成直流电传递给分线盒（2017 款开始吉利 EV450 分线盒与车载充电机集成），分线盒经过直流母线将直流电传递到动力电池，为其充电。这些高压部件都由高压配电系统连接并输送电能。

2. 高压配电系统的组成

高压配电系统主要由车载充电机分线盒、直流充电接口、交流充电接口、直流母线和电机三相线组成（图 4-73）。所有的高压线缆均为橙色，车辆上电时不能触碰这些线缆和部件，高压线缆插接件拔出后，应立即用绝缘胶带包裹。

3. 高压配电系统部件位置

吉利 EV450 高压配电系统各组成部件在实车上的位置如图 4-74 所示。

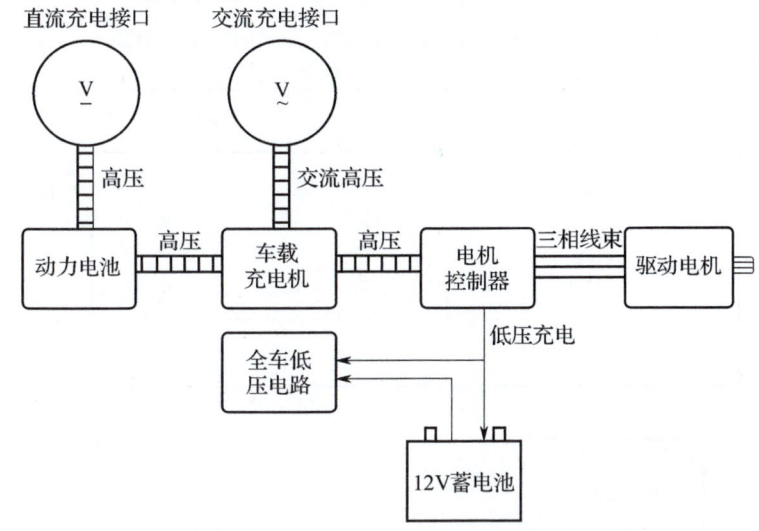

图 4-73 高压配电系统组成示意图

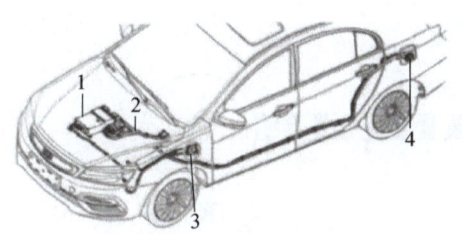

序号	部件名称
1	车载充电机（分线盒）
2	直流母线
3	交流充电接口
4	直流充电接口

图 4-74 吉利 EV450 高压配电系统各组成部件在实车上的位置

 学习点 02
高压配电系统的工作原理

1. 车载充电机分线盒

车载充电机分线盒的作用类似于低压供电系统中的熔丝盒，其功能为高压电能的分配、高压回路的过载和短路保护。

车载充电机分线盒将动力电池总成输送的电能分配给电机控制器、空调压缩机和 PTC 加热器，且采用交流充电时，充电电流也会经过分线盒流入动力电池为其充电。因此，车载充电机分线盒内对电动压缩机回路、PTC 加热器回路、交流充电回路各设一个 40A 的熔断器。当上述回路电流超过 90A 时，熔断器会在 15s 内熔断；当回路电流超过 150A 时，熔断器会在 1s 内熔断，以保护相关回路。

车载充电机分线盒电路原理图如图 4-75 所示。

2. 直流充电接口

直流充电接口能接收直流充电桩的电能，并通过高压线束将电能输送给动力电池总成，为动力电池充电，如图 4-76 所示。

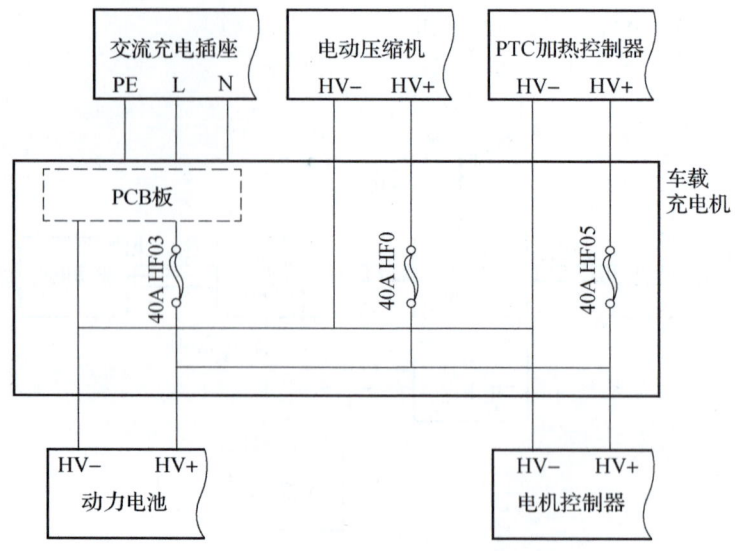

图 4-75 车载充电机分线盒电路原理图

图 4-76 直流充电

3. 交流充电接口、直流母线

交流充电接口能接收交流充电桩的电能,并通过高压线束将电能输送给车载充电机,车载充电机将交流电转化成直流电再传给分线盒,分线盒经过直流母线将直流电传递给动力电池,为动力电池充电。交流充电的能量传递路线如图 4-77 所示。

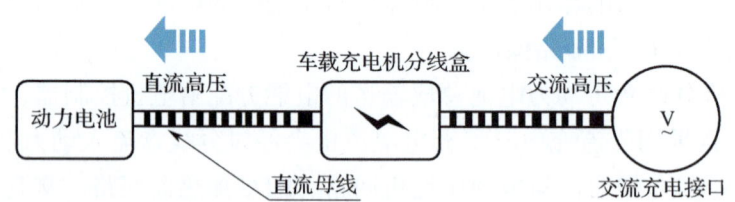

图 4-77 交流充电的能量传递路线

4. 电机三相线

车辆行驶时,电流从动力电池依次经过直流母线、车载充电机内的分线盒、电机控制器高压线、电机控制器、电机三相线到达驱动电机,产生驱动力。车辆行驶时的能量传递路线如图 4-78 所示,制动能量回收时的传递路线与之相反。

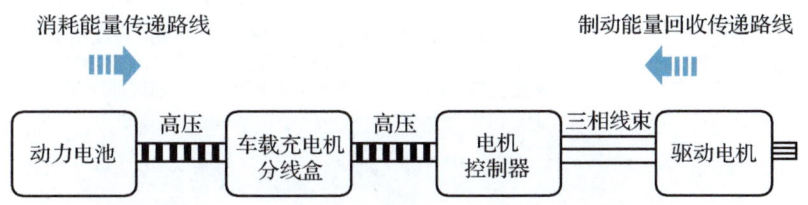

图 4-78　车辆行驶时的能量传递路线

学习点 03
高压配电系统端子定义

1. 高压配电系统电气原理图

高压配电系统的线路连接图如图 4-79 所示。

2. 车载充电机（分线盒）的接线图

车载充电机（分线盒）与 PTC 加热器、电机控制器、交流充电插座等连接，其他（OBC 分线盒）还有接电机控制器线束插接器 BV28、PTC 加热器线束插接器 BV32、电动压缩机线束插接器 BV30、动力电池线束插接器 BV16 等，如图 4-79、图 4-80 所示。

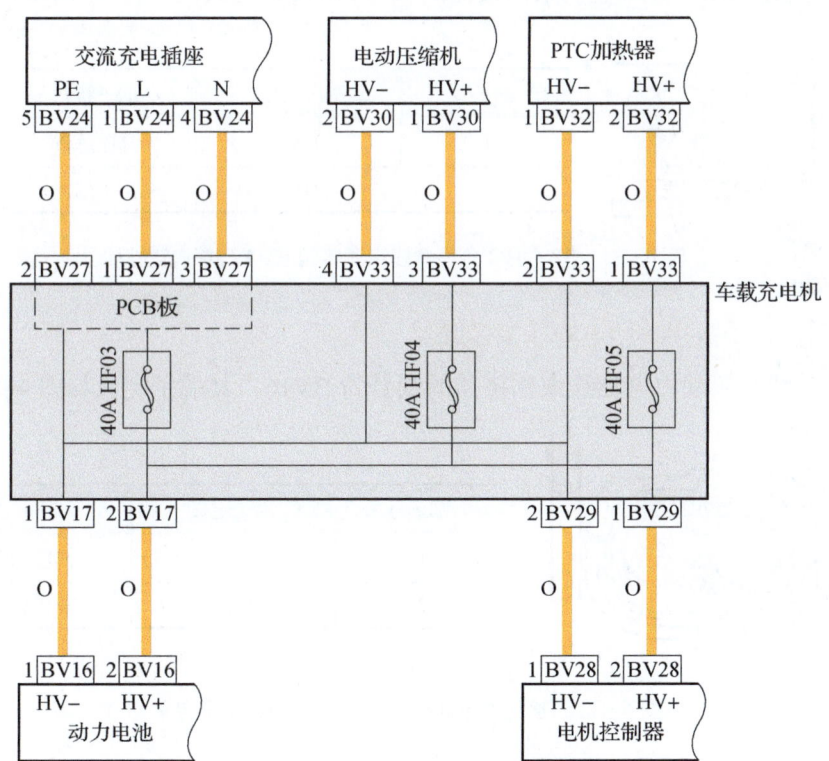

图 4-79　高压配电系统的线路连接图

图 4-80　车载充电机（分线盒）的接线示意图

3. 动力电池接 OBC 分线盒线束插接器

动力电池接 OBC 分线盒线束插接器的编号为 BV17，其端子定义如图 4-81 所示。

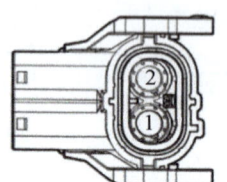

端子号	端子定义	端子状态
1	HV–	高压总负
2	HV+	高压总正

图 4-81　接 OBC 分线盒线束插接器 BV17 端子定义

4. OBC 分线盒接动力电池线束插接器

OBC 分线盒接动力电池线束插接器的编号为 BV16，其端子定义如图 4-82 所示。

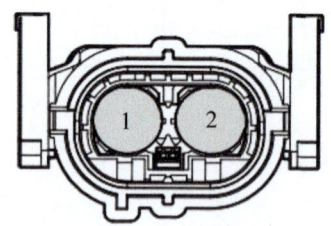

端子号	端子定义	端子状态
1	HV–	高压总负
2	HV+	高压总正

图 4-82　接动力电池线束插接器 BV16 端子定义

5. 压缩机 /PTC 加热器接 OBC 分线盒线束插接器

压缩机 /PTC 加热器接 OBC 分线盒线束插接器的编号为 BV33，其端子定义如图 4-83 所示。

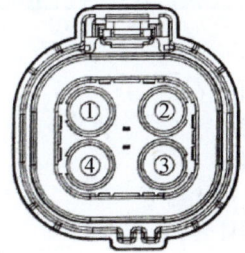

端子号	端子定义	端子状态
1	PTC–	—
2	PTC+	—
3	ACP–	—
4	ACP+	—

图 4-83　接 OBC 分线盒线束插接器 BV33 端子定义

三、课后拓展

简述高压配电系统检查项目与注意事项。

四、任务实施

1. 作业前准备

图例	内容	完成情况		
作业前现场照片	作业前现场环境检查	规范着装（　　） 拉设安全围挡（　　） 放置安全警示牌（　　） 检查灭火器（　　） 检查测量终端状态（　　） 铺设防护四件套（　　）		
安全帽　护目镜 绝缘鞋　绝缘手套	防护用具检查	检查绝缘手套（　　） 检查护目镜（　　） 检查安全帽（　　） 检查绝缘鞋（　　）		
故障诊断仪　放电工装 万用表　绝缘测试仪	仪表、工具准备	检查万用表、绝缘测试仪是否正常（　　） 检查故障诊断仪是否正常（　　） 检查绝缘工具是否齐全、正常（　　） 检查放电工装是否正常（　　） 检查维修手册、电路图是否完备（　　）		
车辆绝缘地垫照片	测量绝缘地垫绝缘电阻值	测量值 ＿＿MΩ	标准值 >20MΩ	判断 正常（　　） 异常（　　）

2. 检查维护步骤

检查与维护动力电池箱之前应先断开高、低压电，断电流程如下。

1）关闭点火开关，拔下汽车钥匙，如图 4-84 所示。

> **注意事项**：当仪表显示 READY 时，高压通电，此时切勿拆卸高压部件，否则有触电危险，因此在检查或维护动力电池箱之前，要确保拔下汽车钥匙，自行收好，并在车上放置工作牌。

2）拆下低压蓄电池负极，使用绝缘胶带包好，断开整车低压控制电源，如图 4-85 所示。

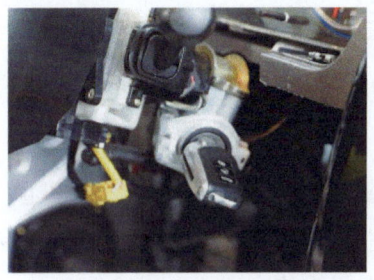 

图 4-84　拔下汽车钥匙　　　　图 4-85　断开低压蓄电池负极

由于电动汽车采用了高压互锁装置，即断开低压时，通过低压信号控制能够同时将高压回路切断，所以为安全起见，务必拆下蓄电池负极。

3）戴好绝缘手套，断开动力电池高压维修开关，如图 4-86 所示。

4）当车辆举升到需要的高度时，将举升机锁止，如图 4-87 所示。

5）拆下动力电池总正、总负和低压线束插头，如图 4-88 所示。

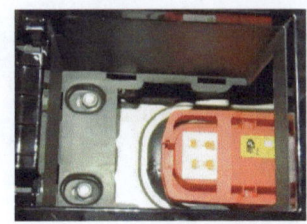  

图 4-86　断开动力电池高压　　图 4-87　举升车辆并锁止　　图 4-88　拆下动力电池线
　　　　　维修开关　　　　　　　　　　　　　　　　　　　　　　　束插头

3. 高压配电系统检查与维护要点

在对电动汽车高压配电系统进行维护前，一定要做好高压安全防护准备。

（1）检查并维护车载充电机外观和连接线束　检查车载充电机（分线盒）外观，检查外壳是否有明显的碰撞痕迹，外壳有无变形及破损，必要时进行更换。检查车载充电机各连接线束有无破损、裂纹，高、低压接线端子连接是否可靠，有无松动，如图 4-89 所示。

（2）检查与维护车载充电机（分线盒）固定螺栓　检查车载充电机固定螺栓有无锈蚀，拧紧力矩是否足够，如图 4-90 所示。车载充电机固定螺栓的拧紧力矩为 22N·m。

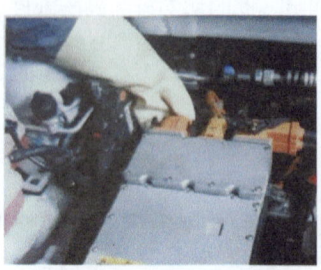
图 4-89　检查与维护车载充电机连接线束

图 4-90　检查与维护车载充电机固定螺栓

（3）检查车载充电机（分线盒）冷却管路　检查车载充电机冷却管路连接处是否出现液体泄漏及渗出，检查散热器总成左、右侧水室密封处，有无渗漏现象，如图 4-91 所示。如出现液体渗漏，则需立即进行维修。

（4）检查车载充电机的绝缘性能　检查车载充电机的绝缘性能，需要使用绝缘测试仪测量绝缘电阻值，将表笔负极与电缆外壳或车身搭铁点充分、有效地连接，表笔正极分别测量端子 E、端子 F，单击测试键进行读数，测得绝缘电阻值，与标准值进行比较，判断其绝缘性能是否正常，如图 4-92 所示。在工作温度为（23±2）℃和相对湿度为（45%~75%）RH 时，车载充电机正、负极输出与车身（外壳）之间的绝缘电阻值应大于或等于 1000MΩ。

图 4-91　检查车载充电机冷却管路

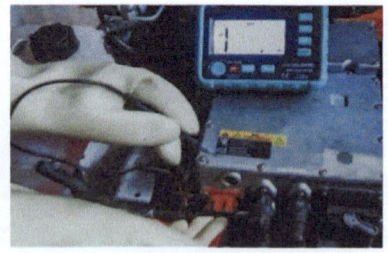
图 4-92　检查分线盒绝缘性能

（5）更换直流母线总成　直流母线是连接动力电池和车载充电机（分线盒）的一条高压线束，其更换流程为：

1）拆卸程序。

①打开前机舱盖。

②断开蓄电池负极电缆。

③车辆下电。

④拆卸直流母线总成,可分为三个步骤操作:

第1步:断开直流母线总成线束插接器(动力电池侧)(图4-93)。

第2步:断开直流母线总成线束插接器(车载充电机侧)。

第3步:脱开直流母线总成固定卡扣,取下直流母线总成(图4-94)。

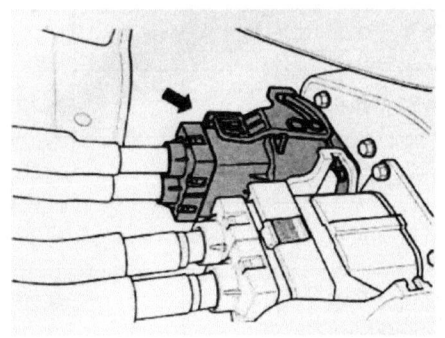 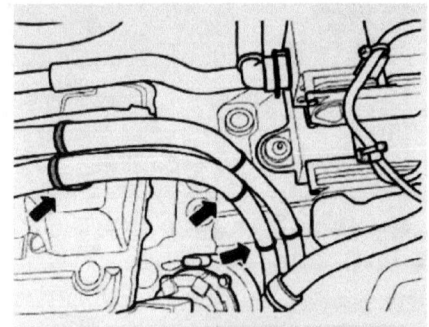

图4-93 断开直流母线总成线束插接器　　图4-94 脱开直流母线总成固定卡扣

2)安装程序与拆卸程序相反,在插接直流母线总成线束插接器时,注意"一插、二响、三确认"。

(6)检查高压部件绝缘性　高压配电系统中的任何高压部件(动力电池、驱动电机、电机控制器、PTC加热器、车载充电机和电动压缩机)发生绝缘故障(内部短路),均可引起整车绝缘故障,车载充电机分线盒均与这些高压部件相连,因为整车绝缘故障只有BMS检测,不管哪一个高压部件绝缘出现故障,都是BMS报故障,所以正确检查高压部件绝缘性是确认故障点的关键。

检查高压部件绝缘性的步骤如下。

1)车辆上电,起动开关置于ON位,连接故障诊断仪,读取故障码;如果存在绝缘故障,BMS会报绝缘故障。

2)车辆下电,打开前机舱盖,拆下盖板,拆下蓄电池负极,拔掉MSD开关。

3)目视检查。

①检查可能影响高压配电系统的售后加装装置。

②检查易于接触或能够看到的系统部件,以查明其是否有明显损坏或存在可能导致故障的情况。

③检查分线盒内部是否有水或者灰尘等异物。

④检查分线盒高压线束插接器是否松动,内部是否有锈蚀的迹象。

4)准备绝缘测试仪。

①将测试绝缘阻值的连接线接在相应的位置,打开电源后,档位转至1000V。

②测试时,将黑色线一端接触 12V 蓄电池负极 / 车身可导电位置 / 任意不与所测试高压部件连通的导电位置,红色线一端接触所测的位置,读取屏上显示的数据。

5)使用绝缘测试仪,逐一测量动力电池、车载充电机、PTC 加热器、电动压缩机、交流充电插座和电机控制器、驱动电机与车身搭铁之间的绝缘电阻值,见表 4-9。

表 4-9　高压部件对地绝缘电阻一览表

高压部件名称	测试端	正常阻值 /MΩ
动力电池	端子 1（正极）与车身搭铁（负极）	≥ 20
	端子 2（正极）与车身搭铁（负极）	≥ 20
车载充电机	端子 1（正极）与车身搭铁（负极）	≥ 20
	端子 2（正极）与车身搭铁（负极）	≥ 20
PTC 加热器	端子 1（正极）与车身搭铁（负极）	≥ 20
	端子 2（正极）与车身搭铁（负极）	≥ 20
电动压缩机	端子 3（正极）与车身搭铁（负极）	≥ 10
	端子 4（正极）与车身搭铁（负极）	≥ 10
交流充电插座	端子 1（正极）与车身搭铁（负极）	≥ 20
	端子 3（正极）与车身搭铁（负极）	≥ 20
电机控制器	端子 1（正极）与车身搭铁（负极）	≥ 20
	端子 2（正极）与车身搭铁（负极）	≥ 20
驱动电机	U 相	≥ 20
	V 相	≥ 20
	W 相	≥ 20
电机控制器	U 相	≥ 2.5
	V 相	≥ 2.5
	W 相	≥ 2.5

实训数据记录				
姓名		班级		
学号		指导教师		
组员				
汽车 VIN 码				
汽车品牌		车型、年份	里程	
工具选择				
实训流程、数据记录、结果分析				

实践反思

自评、互评、教师点评表

姓名		班级		学号		指导教师		组别	
评分项目		评分内容		分值		个人评分	小组评分	教师评分	
工具、场地准备		场地干净整洁,符合作业要求		5					
		通用及专用工具准备齐全、正确		5					
专业知识学习		学习态度端正,认真积极		5					
工具、设备选择与使用		检测与维修工具、设备选择正确、合适		5					
		工具、设备使用正确,操作规范		10					
操作实施		按照要求实施操作		25					
		操作正确、有序		10					
		零部件拆装无破损		5					
总结报告		数据记录完整,符合实际情况		5					
		实训报告客观、务实		5					
团队协作能力		小组成员分工明确		5					
		团队协作,共同完成实训操作		5					
安全		安全操作,未出现人身危险情况		5					
		工具、设备使用安全,未损坏		5					
总分				100					

组长:　　　　　　　　　　　日期: